2017年重庆市教育委员会人文社会科学研究项目"基于CDIO理念的创新创业教育实践教学体系研究"成果（项目编号：fdyzy2017006）

新文科视域下高校中文专业创新创业教育模式的实践与研究

王琥 ◎ 著

西南交通大学出版社

·成 都·

图书在版编目（CIP）数据

新文科视域下高校中文专业创新创业教育模式的实践与研究 / 王琥著. —成都：西南交通大学出版社，2023.8
　ISBN 978-7-5643-9401-1

Ⅰ. ①新… Ⅱ. ①王… Ⅲ. ①大学语文课—教学模式—研究—高等学校 Ⅳ. ①H193

中国国家版本馆 CIP 数据核字（2023）第 134256 号

Xinwenke Shiyu xia Gaoxiao Zhongwen Zhuanye Chuangxin Chuangye Jiaoyu Moshi de Shijian yu Yanjiu

新文科视域下高校中文专业创新创业教育模式的实践与研究

王　琥　著

责任编辑	居碧娟
封面设计	原谋书装
出版发行	西南交通大学出版社 （四川省成都市金牛区二环路北一段 111 号 西南交通大学创新大厦 21 楼）
发行部电话	028-87600564　028-87600533
邮政编码	610031
网　　址	http://www.xnjdcbs.com
印　　刷	成都市新都华兴印务有限公司
成品尺寸	148 mm × 210 mm
印　　张	8.375
字　　数	190 千
版　　次	2023 年 8 月第 1 版
印　　次	2023 年 8 月第 1 次
书　　号	ISBN 978-7-5643-9401-1
定　　价	40.00 元

图书如有印装质量问题　本社负责退换
版权所有　盗版必究　举报电话：028-87600562

前言 / Perface

　　"大众创业、万众创新"赋予了高校创新创业教育新的内涵和新的要求。推进高校创新创业教育改革、培养创新创业型人才，是国家实施创新驱动发展战略的需要，也是深化高校教育教学改革、促进毕业生更高质量就业创业的重要举措。高校创新创业教育对于大学生成长成才意义重大，创新创业教育也逐渐成为高校人才培养理论研究和实践探索的重点和热点。同时，在高校"四新"（新工科、新医科、新农科、新文科）教育建设背景下，新文科建设也对人文学科的创新创业教育提出了新的要求和方向。《新文科视域下高校中文专业创新创业教育模式的实践与研究》一书正是在高校深化创新创业教育改革的背景下，笔者从 2010 年到 2023 年这十三年来探索高校中国语言文学类专业（简称"中文专业"）创新创业教育改革所取得的成果之一，项目是重庆市教育委员会人文社会科学研究择优资助计划专项项目"基于 CDIO 理念的创新创业教育实践教学体系研究"（项目编号：fdyzy2017006）研究成果，是教育部全国高校就业创业"金课"、重庆市一流课程、重庆市一流课程示范课程案例、重庆市课程思政示范课"创新创业导论"建设的重要成果之一，同时本书出版得到了四川外国语大学中国语言文学学科建设经费资助。

　　面对大学生创新创业教育的时代诉求和新文科建设背景下人文社科类专业实践教学的发展趋势，本书针对高校人文社科类专业创新创业教育现状，以高校中文专业创新创业教育改革为例，从双创教育顶层设计、双创教育模式、双创课程建设、双创实践教学体系和双创竞赛组织等方面，探讨高校人文社科类专业创新创业教育的相关理论与实践经验。本书较为系统地梳理和阐释了笔者在高校中文专业深耕创新创业教育十三年来的理论研究、实践探索和所取得的系列成果。本书共七个章节，围绕创新创业教育模式的主要构成要素展开探讨。第一章为绪论，主要阐释了研究缘起、研究背景，梳理了国内外创新创业教育发展概况和相关研究现状，界定了本研究涉及的核心概念和相关理论基础，介绍了研究的整体思路、主要研究方法和可能的创新之处。第二章为高校中文专业创新创业教育模式建设探索与实践研究，主要探讨高校中文专业创新创业教育的顶层设计和教育模式。本章主要分析了重庆市典范创新创业高校的双创教育先进经验，阐释了高校中文专业创新创业教育示范模式探索与建设实践，以及笔者所在的四川外国语大学中文学院双创教育改革的探索与历程。第三章为高校中文专业双创教育普及型通识课程建设研究，主要探讨双创教育普及型通识课程建设，提出根据通识课特点建立双创通识课"赛课合一"模式，并以国家级创业金课、重庆市一流课程"创新创业导论"、校级双创示范课"大学生创业教育"和职业就业类通识课"大学生职业发展规划与就业指导"三门课为例，深入分析和探讨双创通识课程教学改革的具体方法和具体路径。第四章为高校中文专业双创教育专创融合型通识课程建设研究，主要讨论专创融合型通识课程教学改革与实践探索。本章以重庆市一流课程"语言文化与社会"和校级双创特色课"新文科专创融合训练与实践"的教学改革为例，探索在通识课中深度融入双创教育元素，进行教学创新与实践。第五章为高校中文专业创新创业教育专创融合型专业课程建设研究，提出专创融合型专业课是双创教育深化改革的关键和重点。本章以重庆市课程思政示范课"语言与文化"、研究生专业核心选修课"互联网+汉语国际教育实践"和中文专业核心基础课"中国古代文学"三门课为例，探讨了在专业课中进行"专创融合"教育的思路、方法与路径。第六章为高校中文专业双创教育实践教学体系研究。本章提出在工程教育理念CDIO理念指导下进行文科专业双创实践教学体系改革，主要以汉语国际教育专业为例，探讨了实践教学模式的改革、实践和创新探索，同时以新文科双创菁英书院班的组织模式为例阐释了双创教育实践教学的创新探索。第七章为高校中文专业创新创业竞赛组织模式探索与研究。本章主要介绍了代表性双创竞赛的组织情况，阐释了三融合理念下竞赛组织模式和学科竞赛体系的建立；同时探讨了朋辈双创学生导师制、家校育人共同体等制度在双创竞赛组织中的运用与建设。本章将学科竞赛视为双创教育改革的重要一环，提出在"专思创"三融合教育理念下建立竞赛组织模式，分析阐释了创新创业竞赛组织模式的理论探索、实践经验和所取得的系列成果。最后，结论与研究展望部分简要总结全书研究。本书希望为新文科建设背景下高校人文社科类专业创新创业教育的深化改革提供一些可供参考的借鉴和思路。本书适合开展高校人文社科类专业创新创业教育的学者、教师和参与创新创业竞赛与实践的大学生阅读，具有一定的针对性和实践指导意义。

《新文科视域下中文专业创新创业教育模式的实践与研究》一书凝聚了笔者从教近十四载初心如磐在中文专业双创教育领域的奋斗和投入，记载了笔者近十四载从教生涯深怀"一朝师生，一生情义"为师理想，忘我投入教书育人的探索和心血。历时整十三年，近十四载的文科双创教育探索路是一段呕心沥血、不离不弃的艰辛路，也是一段愈挫愈勇、愈战愈强的成就路，更是一段桃李不言、芳华如歌的收获路。由衷感谢这段与我的学生们一同扎根双创教育的时光，也见证了十多年来一届又一届学生在专创融合教育中的成长与收获。

  在本书写作过程中，笔者参考了国内外学者的相关理论成果，在此表示衷心感谢。由于时间相对仓促，书中难免有不足和疏漏之处，恳请各位专家和读者提出宝贵意见，不胜感激！

王 琥

2023 年 2 月于重庆

目录 Contents

第一章 绪 论 ····· 001
- 第一节 研究缘起 ····· 002
- 第二节 文献综述 ····· 010
- 第三节 核心概念界定 ····· 018
- 第四节 研究的理论基础 ····· 028
- 第五节 研究思路、研究方法和创新之处 ····· 032

第二章 高校中文专业创新创业教育模式建设实践与研究 ····· 035
- 第一节 高校创新创业教育典型经验与现状简析 ····· 036
- 第二节 高校中文专业创新创业教育模式 ····· 038
- 第三节 中文专业创新创业教育探索历程及实施路径 ····· 046

第三章 高校中文专业双创教育普及型通识课程建设研究 ····· 055
- 第一节 三融合理念下创新创业系列课程"赛课合一"教育模式研究 ····· 056
- 第二节 新文科理念下"创新创业导论"教学创新与实践 ····· 064
- 第三节 新文科理念下"大学生创业教育"金课建设的研究与实践 ····· 100
- 第四节 新文科理念下"大学生职业发展规划与就业指导"课程教学方法改革 ····· 108

第四章　高校中文专业双创教育专创融合型通识课程建设研究 ················· 117

第一节　新文科理念下"语言文化与社会"一流课程建设探索与研究 ················· 118
第二节　CDIO理念下的"新文科专创融合训练与实践"教学改革 ················· 127

第五章　高校中文专业双创教育专创融合型专业课程建设研究 ················· 135

第一节　"语言与文化"教学的改革探索与实践 ················· 136
第二节　"互联网+汉语国际教育实践""产-学-研-创"教学模式研究与实践 ················· 161
第三节　新文科视域下"中国古代文学"互动式教学初探 ················· 169

第六章　高校中文专业双创教育实践教学体系研究 ················· 175

第一节　CDIO理念下汉语国际教育专业实践教学体系研究 ················· 176
第二节　汉语国际教育专业创新创业教育专创融合实现路径研究 ················· 183
第三节　中文专业双创实践教学的创新与实践 ················· 190
　　　　——基于新文科创新创业菁英书院班的建设 ················· 190

第七章　高校中文专业创新创业竞赛组织模式探索与研究 ················· 197

第一节　高校创新创业典型竞赛简介 ················· 198

第二节 三融合理念下中文专业创新创业竞赛组织模式的
　　　　探索与实践……………………………………… 203
第三节 以学科竞赛为载体提升学生创新实践能力的
　　　　探索与研究……………………………………… 216
第四节 "朋辈双创学生导师制"的实践与探索………… 223
第五节 "家校育人共同体"在双创教育中的探索与思考
　　　　………………………………………………………… 229

结论与研究展望…………………………………………… 235
主要参考文献……………………………………………… 239
后　记……………………………………………………… 252

第一章

绪 论

第一节　研究缘起

一、研究背景

（一）高校创新创业教育的重要意义

创新创业，是国家发展之根，是民族振兴之魂。近年来，党中央、国务院高度重视高校创新创业教育工作。自2010年以来，国务院和教育部先后颁行了关于推进高校创新创业教育的纲领性文件。2010年，教育部印发《关于大力推进高等学校创新创业教育和大学生自主创业工作的意见》[①]，指出："在高等学校开展创新创业教育，是培养学生创新精神和实践能力的重要途径。"文件明确了创新创业教育对于高校人才培养的重要意义。2015年，国务院办公厅印发《关于深化高等学校创新创业教育改革的实施意见》[②]（以下简称《意见》），指出："深化高等学校创新创业教育改革，是促进高校毕业生更高质量创业就业的重要举措。"《意见》进一步强调了创新创业教育对于高校毕业生创业就业的意义。2021年，国务院办公厅印发《关于进一步支持大学生创新创业的

---

① 教育部关于大力推进高等学校创新创业教育和大学生自主创业工作的意见[EB/OL].(2010-05-13)[2010-05-04]. http://www.moe.gov.cn/srcsite/A08/s5672/201005/t20100513_120174.html.
② 国务院办公厅关于深化高等学校创新创业教育改革的实施意见[EB/OL].(2010-05-13)[2010-05-04]. https://www.gov.cn/zhengce/content/2015-05/13/content_9740.htm.

指导意见》①,文件指出,支持在校大学生提升创新创业能力,支持高校毕业生创业就业,提升人力资源素质,促进大学生全面发展,实现大学生更加充分更高质量就业。文件则进一步概括和强调了创新创业教育对于学生成长和成才的价值。近年来,高校创新创业教育发展迅速,取得了比较突出的研究成果和实践成果,双创教育已成为高校深化教育教学改革,推进人才培养范式变革的重点。

当前,提高大学生的实践创新能力是时代和国家战略的要求,是高等教育改革发展的迫切需要,更是大学生实现自我价值的现实需求。如何采取有效教育教学途径和方法,纵深推进高校创新创业教育,进一步提高大学生实践创新能力,促进大学生实现更高质量的就业创业,已成为高校深化教育教学改革一项重大而紧迫的课题。本研究正是在深化高校创新创业教育改革背景下探讨人文社科类专业推进创新创业教育的理论和实践探索。

(二)创新创业教育的育人初心

四川外国语大学中国语言文化学院(简称"中文学院")肇始于1950年建校之初的汉语教研室和1985年组建的对外汉语系,2004年成立中国语言文学系,2020年更名为中国语言文化学院。中文学院依托我国八大外语院校之一的四川外国语大学,是我国较早培养对外汉语教学专业人才的院系之一,也是西南地区唯一一所以外语为特色和优势的中文院系。中文学院现有中国语言文学一级学科硕士学位授予点,1个专业硕士学位授权点(汉语国际

---

① 国务院办公厅关于进一步支持大学生创新创业的指导意见[EB/OL].(2021-10-12)[2021-09-22]. http://www.gov.cn/zhengce/content/2021-10/12/content_5642037.htm.

教育），另设有历史语言学、社会语言学2个跨专业博士方向；在本科教育方面，现有汉语国际教育和汉语言文学两个本科专业。其中，汉语国际教育专业是国家级一流专业建设点、重庆市一流专业建设点、重庆市首批品牌专业、重庆市首批特色专业；汉语言文学专业是重庆市第二批特色专业、重庆市一流专业建设点。

创新创业教育是高校人才培养改革的突破口，是高校人才培养范式变革的新探索。在高校深化双创教育改革的背景下，中文学院依托学校外语学科优势，着力培养"国学、外语、实践、创新"相结合的一流国际中文人才，其中，人才培养目标中的"实践"和"创新"都是以创新创业教育作为重点支撑来推进的。中文学院结合专业教育推进广义双创教育可以追溯到2010年7月，至今已有13年双创教育改革积累。2010年，笔者初到四川外国语大学中文学院工作，作为本科毕业年级的班主任，开始关注创新创业教育。那个时候笔者在指导毕业生求职就业中就深刻感受到不少大四年级的学生仍然对于自己的专业能力缺乏清晰的认知，部分学生由于缺乏实践训练，对于自己的专业能力缺乏信心，部分学生对于大四未来职业生涯规划感到迷茫，这都成为他们求职考学时比较突出的阻碍因素。出于对学生成长的真切关心和对未来发展的考量，笔者着眼于学生实践能力的提升，经过精心论证设计，在毕业年级实施了以学生生涯成长为主题的"生涯导航"主题活动，以"就业一对一咨询""考学一对一辅导""简历工坊""朋辈沙龙""校友讲坛""职场模拟实训""生涯诊断"等系列主题活动来推进学生专业实践能力的训练和提升。经过一整年一以贯之的坚持和持之以恒的努力，笔者组织开展系列主题活动近20场，一对一咨询800余人次。得益于"生涯导航"活动，这一届学生的专业能力和求职竞争力得到极大提升。在毕业之际,毕业生的优质就业率、考研升学率、出国升学率均创下中文学院历史最高水平。之后,笔者通过对毕业生回访调研,表明学生普遍反馈不同程度受益于大四学年的"生涯导航"主题活动,系列主题活动无形中提升了他们的实践能力,助力他们实现了更好的人生发展。"生涯导航"主题活动也成为中文学院双创教育的起点和原点,培养和提升学子实践能力、助力他们成就更好的未来也一直是笔者这十三年来从事双创教育的初心和初衷。

2011年,在系统总结人才培养经验的基础上,中文学院面向本科生一年级新生,推出了"生涯导航"主题活动的"姊妹"版——"专业导学计划",邀请专家学者为一年级学生开展专题导学讲座,旨在从入校的本科一年级起,进一步强化学生创新能力的培养,促进学生实现更高质量的就业与创业,培养面向未来的一流的国际中文人才。也是在这一年,根据教育教学实践,广泛学习研究创新创业先锋高校教育经验,我们开始探索如何结合中文专业教育,强化学生创新实践能力和应用能力的培养,即将双创教育的理念逐渐融入专业培养的全过程,逐步建立有效的双创教育教学模式。到2014年,中文学院以工程教育的CDIO理念为指导,在人才培养顶层设计、教学理念、课程建设、实践教学、竞赛指导等方面进行改革探索,基本建立了CDIO中文专业创新创业教育模式,将创新创业教育融入人才培养全程,同年论证成立中文学院创新创业教育中心。得益于双创教育模式,学生实践创新能力提升明显,标志性成果之一是中文学院学生在挑战杯、三创赛、大学生创新创业训练计划中等学生高水平科创竞赛中成绩突出,在全校独占鳌头,屡次创造学校获奖历史佳绩。同时,中文学院双创系列类课程建设成果突出。在2017年，中文学院双创教育模式的系列实践改革成果《CDIO理念下的中文专业双创教育"243"模式探索与实践》获得重庆市教学成果二等奖，"思想铸魂、实践育才、创新赋能"为特色的双创教育模式得到一致好评和广泛认可。在中文学院的全力支持和师生的不懈拼搏下，至2023年，中文学院学生双创获奖成果已连续十一年雄踞全校第一，最近五年全校双创类竞赛中国家级获奖成果的近90%、省级获奖成果的近60%由中文学院学子斩获，形成了全校独树一帜的实践育人氛围，中文学院实践教学的典型教育经验也逐渐"走出去"，辐射影响了校内兄弟院系和部分校外兄弟单位。十三年双创教育砥砺改革，匠心筑梦，久久为功，中文学院的双创教育探索出了人文社科专业开展创新创业教育的有效路径和典型经验，具备一定的示范性。在双创教育的这十三年探索中，培养学生基于所学中文类专业发现问题、研究问题、创造性解决问题，进而奠定他们创事业、创志业、创未来的素养和能力，一直是新文科背景下笔者和所在学院推进创新创业教育研究与实践的初心与坚持。

综上所述，在这十三年的双创教育探索中，笔者最初是从解决毕业生教育教学实际问题的角度出发关注到了双创教育，同时真切感受到了双创教育对大学生成长的重要价值，继而在长期的教育实践中深化和发展了对于双创教育的理解和认知，坚持在教学实践中不断证明着双创教育的价值和意义。创新创业教育是梦想教育，是培养学生基于所学专业创未来、创事业的能力，教会学生以"创业心态、创新思维"对待学习和工作，在工作岗位上创建事业的教育，是价值创造教育。也正是基于对双创教育对于人文社科专业人才培养重要性的认识，让笔者认为应进一步将教育实践经验总结提炼，深度探索双创教育的一般规律，从研究层面推进文科双创教育，最终提升双创教育对于人才培养的实效性和针对性，助力更多优秀学子在实践中成长。

（三）高校创新创业教育发展的现实需求

时代发展对高等教育产生了深刻影响，创新创业教育开始受到世界各国重视。在各国的高等教育中越来越关注人才培养中的创新实践能力发展，努力营造创新创业教育的良好生态，以利于拔尖人才脱颖而出。我国创新创业教育自20世纪90年代起，历经了二十多年的发展，取得了较为瞩目的成绩。尤其是近年来，以创新创业教育推进高校人才培养范式的变革，以中国国际"互联网+"大学生创新创业大赛（原"中国'互联网+'大学生创新创业大赛"）为实践载体，多管齐下培养"敢创会闯"的新时代创新人才，取得了一系列突出的实践育才成果，高校创新创业教育已是新时期大学生素质教育的新突破。但高校双创教育实际发展历程中，也存在不少需要进一步改进和面对的问题，例如：对创新创业教育内涵的厘清和再认识、创新创业教育如何融入人才培养的顶层设计、创新创业教育与专业教育如何实现深度融合发展、不同专业开展创新创业教育的发展方向区别、人文社科类专业如何更有效开展双创教育、双创教育的学科建设如何深化、双创教育课程体系建设、双创竞赛组织如何结合专业特色开展、师生参与双创的积极性如何培养和激励、双创教育文化氛围建设，等等。为此，关注高校双创教育发展的新特点，探究双创教育发展的新问题，不断求索双创教育发展的新路径，是创新创业教育发展的现实需求，也是每位高校教育工作者义不容辞的担当和责任。

二、研究问题及主要内容

根据以上研究背景,笔者提出了本书的主要研究主题:针对双创教育特别是人文社科类专业双创教育现状,以笔者所在中文专业十三年开展创新创业教育的教学实践这一典型个案作为研究对象,尝试系统总结中文专业创新创业教育探索所取得的理论思考、典型经验和实践成果,进一步探讨新文科背景下人文社科类专业开展创新创业教育的一般规律和有效路径,探索双创教育深度融入人文类学科专业教育的有效路径。具体研究内容包括:第一,梳理国内外高校双创教育发展和研究现状,对高校双创教育模式相关的核心概念进行阐释,对建立中文专业创新创业教育模式的理论基础予以论述;第二,中文专业创新创业教育模式主要是什么,该教育模式的实践成效、实践经验如何;第三,探讨中文专业创新创业类系列课程的建设经验,包括双创普及型通识课、专创融合型通识课、专创融合课专业课三类双创课程的教学存在问题、建设情况、教学探索和建设成效;第四,阐释中文专业创新创业实践教学体系存在问题、探索历程、典型经验和创新方法;第五,阐释中文专业创新创业竞赛组织模式、实践探索、创新路径和所取得的成效,同时对新文科建设背景下如何纵深推进人文社科类专业创新创业教育提出一些思考和建议。

三、研究意义与应用价值

(一)理论意义

在新文科建设背景下,以创新创业教育典型个案为重点,调研关注同类专业的建设情况,系统总结凝练高校中文专业创新创业教育的实践经验，深度探索研究人文社科类专业双创教育一般规律，具有以下理论意义：

第一，丰富人文社科类专业创新创业教育理论研究。在新文科建设的背景下，将工程教育成果 CDIO 核心理念、OBE 教育理念、情感教学理念等教育思想引入人文社科类专业创新创业教育研究与实践。力图把 CDIO 理念强调的"做中学"和"项目教学"深度融入创新创业教育，以指导文科创新创业教育实践教学体系构建，拟以工科思维实现文科创新创业教育的系统化；以"情感教学"理念探索创新创业系列课程教育改革，建设双创教育一流课程，进一步开阔创新创业教育研究思路。

第二，为创新创业教育与专业教育融合提供实践范式和借鉴参考。以中文专业双创教育改革为试点，力图实现创新创业教育与专业教育的深度融合，总结探索人文社科类专业专创融合的典型经验和普遍规律。以基于专业的创新创业训练，促进大学生创新意识、创新精神和实践能力的提升，最终实现高素质复合型创新人才的培养目标。

第三，深化新文科理念下高校中文专业创新创业理论研究。新文科背景下，人文社科专业的转型发展是当下高等教育教学改革的重点和热点。中文类专业在人文专业中具有一定的代表性，也有其特殊性，深度探讨和系统总结中文专业创新创业教育的理论与实践经验，可以为进一步推进中文专业人才培养改革提供理论依据和实践参考。

（二）应用价值

第一，把握高校开展创新创业教育一般规律，探索构建具有推广价值的创新创业教育模式，为高校人文社科类创新创业教育突破瓶颈、深化改革提供参考。进一步探寻提高人文社科类专业学生实践创新能力培养的实施途径，促进学生全面成长成才，解决文科专业人才培养与社会实际需求存在相对差距的实际问题，提升学生就业核心竞争力。

第二，探索人文社科类专业教育与创新创业教育深度融合有效路径，培养具有开阔的国际视野、扎实的专业基础和较强创新创业实践能力的复合型拔尖创新人才。

第三，初步探索人文社科类专业深入开展创新创业教育的有效路径以及拔尖创新人才培养的实施策略，为新文科建设背景下人才培养改革提供一定借鉴和相关参考，培养知中国、爱中国，具全球视野，致力于中外人文交流，堪当民族复兴大任的新时代创新创业型人才。

第二节　文献综述

一、国内外创新创业教育发展概况

（一）国外创新创业教育发展概况

在国外，创新创业教育最初多被称为"创业教育"。一般认为，创业教育是 20 世纪 40 年代末在美国兴起，其标志事件是 1947 年哈佛大学商学院教授迈尔斯·梅斯教授为 MBA 学生开设了"新创企业管理"这一课程。之后创新创业教育在全球范围内迅速发展，重要性也不断提升。到 20 世纪末，对创业教育的内涵不断发展，对创业教育的认知不断深化，创业教育所培养的学生的创业能力也被普遍认为是继学术能力、职业能力后的第三种能力，也被称为"第三本教育护照"。同时，创业教育也在逐渐被认为是一种全新的教育理念和教育思想，而不仅仅是一种具体的教育形式。在创业教育发展的过程中，对于创业教育的研究也逐渐引起学者们的关注和重视，相关理论成果和实践成果不断发展和丰富。

（二）国内创新创业教育发展概况

我国高校创新创业教育的起点一般认为是1997年，以清华大学开设创新与创业管理方向的课程为显著标志。我国创新创业教育从1997年起，历经了四个发展阶段：一是高校自发探索阶段（1997年至2002年4月），自1997年开始，清华大学、复旦大学、华东师范大学、武汉大学、北京航空航天大学等高校对创新创业教育做了有益的自发性探索。二是教育行政部门引导下的多元探索阶段（2002年4月至2010年4月）。2002年4月，教育部在9所大学开展创新创业教育试点工作，试点过程中探索形成了三种教育模式。三是教育行政部门指导下的全面推进阶段（2010年4月至2015年5月）。四是国家统一领导下的深入推进阶段。（2015年5月至今）。[1]近年来，随着国内双创教育的纵深发展，双创教育已成为高校深化教育改革的重点，高校推进双创教育过程中积累了许多宝贵的理论经验和实践成果。

二、国内创新创业教育模式研究现状

近年来，双创教育在学术研究领域也吸引了越来越多的关注

---

[1] 王占仁. 中国创新创业教育大事记1978—2018[M]. 北京:社会科学文献出版社，2021.

和探讨，相关的研究成果不断增加，对高校创新创业教育的纵深发展产生了积极影响。国内关于创新创业教育的研究从研究队伍构成上主要有三类，一类是教育学和管理学的理论研究队伍的研究成果，比如教育学、管理学类的专任教师和专家学者，这部分研究者有相对充分的学术训练和学术积累，他们的研究成果多从学理性对国内创新创业教育进行研究分析，从理论层面推进双创教育；一类是直接从事高校直接从事双创教育的实践工作者的研究成果，比如高校行政管理者、高校就业创业工作管理者和学生辅导员等，这部分研究者因为有比较丰富的双创实践经验，他们的研究成果注重从高校创新创业教育实际情况入手具体分析，更多地从具体的双创教育实践层面来进行研究；还有一类是近年来一部分在校学生，通过学位论文、科研训练计划、大学生创新训练计划来关注研究高校创新创业教育。研究队伍的不断壮大，相关研究成果的显著增加，不断推进我国高校创新创业教育向纵深发展。

通过在中国知网（CNKI）以"创新创业教育""创新创业教育模式""创新创业课程""创新创业竞赛"等关键词为主题词进行检索和梳理，发现相关研究成果不断增加。可见，随着我国双创教育发展进入新阶段，学者们对于创新创业教育的关注度越来越高，取得了比较丰富的理论和实践研究成果。创新创业教育相关研究已成为我国高校和相关学术机构关注的热点主题之一。其中对有关高校"创新创业教育模式"的研究简要梳理如下：

(一)按高校类别和学科专业类别进行的研究

鉴于不同类别高校创新创业教育的特点不同,部分研究者按照高校类别进行创新创业教育模式的研究:宋之帅(2014)[①]结合工科高校的具体实际,从宏观环境、微观环境、课程设计、实践平台、师资队伍、学生主体等六个方面探讨了工科高校创新创业教育内容体系;同时从政策、学校、平台、资金、学生主体五个方面探讨构建工科高校"五位一体"的创新创业教育体系。刘荣(2017)[②]以美术类院校创新创业教育与专业教育融合为研究对象,通过调研和研究,提出从外部政策与社会舆论环境、内部体系、运行模式、运行机制四个维度来构建符合美术院校特点的创新创业教育体系逻辑框架以及与之对应的创新创业教育模式。王兰(2011)[③]以计算机专业创新创业教育为研究对象,指出从教育理念、人才培养目标、课程体系、师资队伍、课堂教育、创新创业环境等六个方面构建创新创业教育的模式。赵金华(2014)[④]指出我国理工高校创业教育问题主要表现在观念、模式、课程及实践四个方面,同时相应提出理工院校应以科技创新的教育理念,以创新、创造、创业"三创"人才培养目标,加强创业课程和创业教育实践教学"循环圈"建设,构建起"混合型"创业教育模式。

---

① 宋之帅. 工科高校创新创业教育模式研究[D]. 合肥:合肥工业大学,2014.
② 刘荣. 当代中国美术院校的创新创业教育模式探索[D]. 西安:西安美术学院,2017.
③ 王兰. 高校计算机专业学生创新创业教育模式研究[D]. 成都:西南交通大学,2011.
④ 赵金华. 基于科技创新的我国理工院校创业教育[D]. 南京:南京师范大学,2014.

童晓玲（2012）[①]以研究型高校创新创业教育体系为研究对象，指出应将双创教育的理念和模式融入研究型大学教育体系中，从外部政策和社会舆论环境、内部体系模块、运行模式、运行机制四个方面建构创新创业教育体系。

（二）以典型高校为个案进行的研究

鉴于创新创业教育的"先行者"高校双创教育经验的示范性和可借鉴性，部分研究者以典型个案高校开展研究：赵军（2007）[②]分析考察了吉林大学学生创业教育的现状，认为应着重从加强创业教育课程体系建设和创业教育师资建设来推进创业教育的深化发展。阚婧（2011）[③]分析了大连理工大学创新创业教育基地以"理论与实践、动脑与动手、模拟与实训"有机结合的创新创业教育路径，并提出应从转变创新创业教育理念、夯实创新创业教育基地建设、完善创新创业教育的课程和师资建设、发挥学生主体性作用等方面加强高校创新创业教育。商慧（2017）[④]以南京财经大学为例，分析考察了双创教育在课程、实训、保障体系方面的运行情况和存在的可以进一步改进的方面，在此基础上从教育目标、教学过程、服务支撑和评估机制等四方面提出了构建创新创业教

[①] 童晓玲. 研究型大学创新创业教育体系研究[D]. 武汉：武汉理工大学，2012.
[②] 赵军. 吉林大学学生创业教育模式研究[D]. 长春：吉林大学，2007.
[③] 阚婧. 我国高校创新创业教育的实践探索——以大连理工大学创新创业教育基地为例[D]. 大连：大连理工大学，2011.
[④] 商慧. 高校创新创业教育模式研究——以南京财经大学为例[D]. 南京：南京理工大学，2017.

育模式的设想。胡燕琴（2020）①以深圳大学等高校为个案，探索创新创业教育与专业教育融合的路径，指出应从创新创业教育的理念定位、课程体系建设、师资队伍建设、多样化评价等四方面推进专创深度融合。

综上可见，以往相关研究有以下特点：第一，总体来说对国内高校创新创业教育典型模式进行研究的文献多是以一类高校或者典型个案研究为例来进行探讨分析；第二，对理工类高校和理工专业双创教育的研究相对来说显著多于对人文社科类院校和专业的研究；第三，相关研究多重宏观观照，相对微观和实践方面的创新创业课程建设、竞赛指导等偏双创实践的研究相对来说不够丰富。为此，深入探讨人文社科类高校结合专业开展创新创业教育的一般规律、典型举措和实践经验具有较强的理论意义和现实意义。

（三）关于高校中文专业创新创业教育的研究

通过文献检索和文献梳理发现，目前专门针对高校中文专业双创教育的研究较少。相关研究可以分为以中文类专业为整体观照的研究和以中文类某一个专业为例进行的研究。

以中文专业为整体观照的研究如下：胡斌彬以华侨大学汉语言专业为例，探讨了中文类专业创新创业教育模式改革，他认为在中文专业教学改革中应将双创教育、文化传承教育融入中文类专业培养方案，推进专业课堂教学改革，强化实践教育，开展富

---

① 胡燕琴. 高校创新创业教育与专业教育融合研究——以深圳大学为例[D]. 深圳：深圳大学，2020.

有特色的第二课堂活动,并制定师生激励措施。保障教育教学改革取得实效①。徐雪梅调查研究了内蒙古师范大学中文专业研究生培养模式中创新意识培养的现状,她从创新创业理念、课程设置、教学方法、课程目标课改方向及难点、学生学习目标等五个方面展开调查和分析,给出四方面的建议:加快构建创新创业教育模式;促进双创教育与专业教育的融合;推进双创优质课程建设;加强方法论学习和训练,建立健全考核机制。②师海英则探讨了双创教育改革背景下的课程教学改革创新,在中文专业课程"应用写作"教学内容中引入宣传片文案写作,教学模式上实施项目导向教学模式,讨论了应用写作教学改革与双创教育的融合教学改革策略和实施路径。③

以中文专业某一个专业为例的研究如下:沈昌明分析了地方高校汉语言文学专业创新创业教育存在的一些问题,从教学理念、人才培养方案改革、双创师资队伍建设、课程体系建设和课堂教学改革、实践教学改革、教学与学生评价的改革六方面给出了解决对策。④王丹荣调研了湖北文理学院近五年汉语言文学的专业毕

---

① 胡斌彬. 中华优秀文化传承与创新人才培养模式改革探索——以华侨大学汉语言文学专业实践教育为例[J]. 大学教育,2021(7):27-29+41.
② 徐雪梅:高等师范院校研究生教育中的创新意识培养——内蒙古师范大学中文专业研究生培养模式调查[J]. 内蒙古师范大学学报(教育科学版),2018(8):20-23.
③ 师海英:创新创业教育背景下项目导向教学模式在《应用写作》课程中的运用——以中文专业宣传片文案写作教学为例[J]. 湖北开放职业学院学报,2019(17):8-9.
④ 沈昌明:地方高校汉语言文学专业学生创新创业能力培养的探索与实践[J]. 安徽农业大学学报(社会科学版),2014(2):136-140.

业生就业状况，指出在对学生的实践能力、创新意识和创业能力培养方面还存在需要改进的地方，应结合社会对创新型人才的需求，从专业方向设置、人才培养模式改革、课程结构改革和实践环节设计等方面构建本专业创新型人才培养模式。① 江傲霜对中央民族大学汉语国际教育本科专业"知—行—研"+"国际化"创新人才培养模式进行了分析和研究。② 刘弘以华东师范大学汉语国际教育专业本科生十年来各类双创项目为对象，分析项目特点，调研参与学生的体会和需求，分析其与现行课程设置的关系和对学生能力培养的作用，并对推进本专业创新型人才提出建议。③

综上可见，目前对中文专业双创教育进行系统研究的相关成果相对并不多见，尤其是对双创教育模式的主要要素，双创课程、实践教学和竞赛组织的研究相对较少，为此进一步深入探索中文专业推进双创教育的典型经验和实施路径有着较为重要的实践意义。本书拟在吸收相关研究成果的基础上，结合笔者在中文专业创新创业教育十三年的实践探索和调查研究，破解高校人文社科类专业创新创业教育的实践难题，试把握人文社科专业开展创新创业教育一般规律，探索构建具有推广价值的创新创业教育新模式，为高校人文社科类专业创新创业教育改革提供参考。

---

① 王丹荣：汉语言文学专业创新人才培养模式初探——基于湖北文理学院近五年毕业生就业状况的调查[J]. 湖北文理学院学报，2019（7）：65-69.
② 江傲霜：汉语国际教育本科专业创新人才培养模式探索—以中央民族大学为例[J]. 国际汉语教育（中英文），2020（3）：20-29.
③ 刘弘. 借助"创新创业培育项目"，提升汉语国际教育本科人才培养质量——以华东师范大学为例[J]. 国际汉语教育（中英文），2020（3）：30-38.

第三节 核心概念界定

本节对本研究涉及的"新文科""创新创业教育""创新创业教育模式""创新创业课程"核心概念进行阐释和界定。

一、"新文科"基本内涵

2019年4月,教育部"六卓越一拔尖"计划2.0启动,明确提出"新文科建设"。"新文科"是我国高等教育在人文社会科学专业进行的一次教育创新改革。所谓"新文科"是在传统文科(实际上是现行的文科)基础上嫁接和生长出来的新文科知识,以及在与其他学科融合交叉和吸收新时代经济社会发展成果的基础上开拓发展出来的文科新领域和新学科。"新文科"建设主要包含两层意思:一是促进文科的学科发展,二是探索文科教育教学改革新模式、新路径。①

"新文科建设"是基于教育背景提出,核心在于对文科教育的改革和创新:"新文科建设"的内在核心要义应聚焦于"教育的视野及其展开",应定位于"文科教育的创新性建构"。我们需要明确,"新文科建设"必然需要创新文科的知识生产和社会服务之模式,但其最终还需要构成对文科"育人活动"的滋养与支持,进而实现"文科育人模式"的变革与优化。②新文科建设实质在于教

---

① 别敦荣. 人文教育、文科教育、"新文科"建设概念辨析与价值透视[J]. 高等教育研究,2022(8):79-83.
② 吕林海. 中国大学"新文科教育"建设:价值蕴意、核心内涵与实践路径[J]. 大学教育科学,2021(5):49-59.

育教学方式的改革和探索,并最终促进创新型复合型人才的培养。新文科建设的育人目标与创新创业教育倡导的人才培养目标两者具有高度的一致性和契合性,其实质都是深化高校教育改革和人才培养方式的变革,提升人才培养质量。创新创业教育是新文科教育的重要组成部分。本研究即是在新文科教育改革背景下对人文社科类专业创新创业教育进行的深入探索与研究。

二、"创新创业教育"概念界定

"创新创业教育"是一个较新的概念,也是一个不断发展的综合概念。2010年,教育部在《关于大力推进高等学校创新创业教育和大学生自主创业工作的意见》中创造性地提出"创新创业教育"这一概念。文件指出:创新创业教育是适应经济社会和国家发展战略需要而产生的一种教学理念与模式。在高等学校中大力推进创新创业教育,对于促进高等教育科学发展、深化教育教学改革、提高人才培养质量具有重大的现实意义和长远的战略意义。创新创业教育要面向全体学生,融入人才培养全过程。要在专业教育基础上,以转变教育思想、更新教育观念为先导,以提升学生的社会责任感、创新精神、创业意识和创业能力为核心,以改革人才培养模式和课程体系为重点,大力推进高等学校创新创业教育工作,不断提高人才培养质量。[①]这一文件较为明确地指出高校创新创业教育的重要意义、基本特点和实现路径。

"创新创业教育"是一个综合的概念。它和"创新教育""创

---

① 教育部关于大力推进高等学校创新创业教育和大学生自主创业工作的意见[EB/OL].(2010-05-13)[2010-05-04]. http://www.moe.gov.cn/srcsite/A08/s5672/201005/t20100513_120174.html.

造教育""创业教育"都有一定的联系,也有一定的区别。学术界一般有以下几种观点,一是认为创新创业教育是"创新教育"和"创业教育"两者的综合,两者是并列的关系,共同构成创新创业教育的主要内容;一种认为创新创业教育是指基于"创新"的"创业教育",认为创新创业教育提倡的是"创新"基础上的"创业",创业教育的本质在于"创新","创新"相当于是限定了"创业教育"的特定类型;也有较多的学者指出"创新创业"不是侧重具体的教育内容,而是一种全新的教育理念,本质是指一种新的素质教育,它提倡高校人才培养应和实践应用紧密结合,培养学生针对社会现实学以致用的能力。同时,学界对于"创新教育""创业教育""创造教育"的内涵和本质也有不同界定。总体而言,目前对于"创新创业教育"概念的界定在学术界未见普遍共识。

综合前人研究成果,本研究认为高校"创新创业教育"是一个综合的概念,既包含了原本创新教育与广义创业教育的内涵,同时又是一种全新的教育理念和教育模式。它结合高等教育发展,深刻融入了高等教育教学改革的最新方向和对人才培养的最新要求,包括了学生价值塑造、专业能力培养、高阶实践能力训练等全面综合的内容。具体而言,创新创业教育是面向高校全体学生开展,同时关照学生个性化发展的新的素质教育,它应具备以下三方面特征:第一,面向全体学生开展,同时关注学生的个性化学习需求,突出个性化指导;第二,是倡导实现价值创造的实践教育,"创新"和"创业"的实质均是突出"实践",本质上是一种强调突出学生实践能力训练的教育;第三,创新创业教育最终目的是培养学生结合所学专业创事业、创未来的能力和相应的价值特质，是一种新的素质教育理念和新的教育模式，本质上是为促进高校人才培养质量的提升，促进学生全面成长成才。

三、"新文科视域下的高校创新创业教育"内涵

高校创新创业教育是新文科建设不可或缺的重要组成部分。2021年3月，教育部颁布《新文科研究与改革实践项目指南》，"新文科创新创业教育与实践"被列入其中。"新文科创新创业教育与实践"立项要点中指出：要面向全体文科学生，探索完善文科创新创业教育体系，推进创新创业教育与专业教育深度融合，开发文科特色创新创业教育课程，推进分类培养和特色化培养模式改革；推动建设产教融合创新创业教育实践基地、专兼职创新创业师资队伍，推动以"敢闯会创"为核心的人才培养范式改革，促进学生创新创业能力和综合素养提升。[①]

《新文科研究与改革实践项目指南》是推进新文科建设的重要文件，从以上表述中，我们可以总结出新文科视域下创新创业教育的以下显著特点：第一，面向全体学生开展，强调学生综合素养的养成，提升学生实践应用能力；第二，本质上是专业教育与创新创业教育深度融合，以"专创融合"为本质特点，推进专业教育的改革；第三，课程是创新创业教育的重要载体，以系列课程建设为核心，形成具有鲜明专业特点的创新创业教育模式；第四，强调双创教育实践育人本质，提倡产教融合和学以致用。

---

① 教育部办公厅关于推荐新文科研究与改革实践项目的通知[EB/OL].（2021-03-05）[2021-03-02]. http://www.moe.gov.cn/srcsite/A08/moe_741/202103/t20210317_520232.html.

四、"高校创新创业教育"模式的内涵

关于高校创新创业教育模式相关研究,不同学者有不同的认识和观点:

高校创业教育模式是为了实现高校创业教育目标而形成的一种方法体系,是教育活动诸要素相对稳定的基本结构、组合方式及其运作程序。高校创业教育模式应是高校人才培养模式的一个子类。[①]

高校创业教育模式是高校在实施创新创业教育的过程中,基于本国、本地区和本校实际情况,协同政府、企业各方力量强化对大学生创新创业意识、精神和能力培养而开展教育工作的一种可操作性的方法体系和一系列具体措施。[②]

构建创新创业教育模式是一个系统工程,包括构建创新创业教育目标体系、构建创新创业教育理论、实践体系和课程体系、构建创新创业教育师资队伍以及营造创新创业教育校园文化氛围、健全相关的政策法规保障体系,形成适合我国大学生的创新创业教育的管理体系。[③]

创业教育模式就是指高校在实施创业教育过程中,通过运用创业教育的相关理论,在理论联系实际的基础上,有效指导高校进行创业教育工作的可操作性的方法体系。根据创业教育的内涵,创业教育模式应包含创业教育理念、创业教育课程、创业教育师

---

① 袁盎. 高校创业教育模式研究[D]. 上海:上海师范大学,2012.
② 向春霞. 一流大学建设高校创新创业教育模式探析——基于2016年《本科教学质量报告》的文本分析[D]. 武汉:华中科技大学,2019.
③ 黄林楠,丁莉. 构建大学生创新创业教育模式的探索[J]. 工程高等教育研究,2010(6):158-160.

资、创业教育方式和创业教育支持五个方面。①

创业教育模式是创业教育系统的、具体的构成，其内容可以包括创业教育目标、创业教育教学形式、创业教育课程、创业教育师资及创业教育支持体系。②

由上述可见，有从宏观层面界定这一概念的，认为双创教育模式包括所有开展创新创业教育的举措和方法手段；也有从相对微观层面界定的，认为双创教育模式包括双创教育目标、双创课程、师资建设和相关保障制度等方面。而关于高校创新创业教育模式的概念目前还没有完全统一的标准，参照已有相关研究和结合本研究实际，本研究认为创新创业教育模式的基本内涵，包括开展双创教育的理念、双创教育顶层设计、双创教育课程体系、双创教育实践教学体系、双创教育竞赛组织、双创教育保障机制（包括师资建设、制度建设等）等。本研究的双创教育模式研究围绕这一界定来展开。

五、高校中文专业创新创业教育

（一）高校中文专业传承中华优秀传统文化的责任

中国语言文学类专业是高校人文类专业的重要组成部分，一般可简称"中文专业"。中国语言文学类专业植根于中华优秀传统文化，是以中华母语及母语文学为基本内涵、具有深厚人文底蕴的基础学科，与历史、哲学、艺术等人文学科关系密切。中国语

---

① 张丽慧. 英国高校创业教育模式研究[D]. 天津：天津师范大学，2016.
② 周琼. 我国高校创业教育模式研究——以A校为例[D]. 福州：福州大学，2018.

言文学类本科专业包括汉语言文学、汉语言、汉语国际教育、中国少数民族语言文学、古典文献学。[①]中国语言文学类研究生专业包括文艺学、汉语言文字学、语言学与应用语言学、中国古典文献学、中国古代文学、中国现当代文学、中国少数民族语言文学、比较文学与世界文学等专业。本研究结合笔者双创教育实践，主要针对中文类专业中的汉语国际教育和汉语言文学专业开展探讨，也关注中文类专业研究生（包括学术型学位和专业型学位）的创新创业教育改革。中国语言文学类本科专业肩负着萃取、传承和发展中华优秀传统文化的重任，在培养学生全面发展、适应社会进步需求方面具有不可替代的重要作用。[②]文化是民族的血脉，是人民的精神家园。中华民族五千年的文明历史孕育了光辉灿烂的优秀传统文化。中华优秀传统文化是中华民族的宝贵精神财富，蕴含着极其丰富的教育资源。中华优秀传统文化更是双创教育的文化基因，对于人文类学科的创新创业教育更是应然。为此，深入挖掘优秀传统文化中的思想观念、传统美德、人文精神，可以为青年学子提供最丰厚的精神滋养和最坚实的成长助力。创新创业教育是新时代高校人才培养改革的重要突破口，旨在启迪大学生的创新精神、增强创业意识，锤炼青年学子开创事业、开创志业所具备的能力和精神，为中华民族的伟大复兴培养更多德才兼备、担当有为的青年力量；同时，创新创业教育核心在于结合学生所学专业进行高阶的实践训练。由此，在中文专业的创新

---

① 教育部高等学校教学指导委员会. 普通高等学校本科专业类教学质量国家标准[S]. 北京：高等教育出版社，2018.
② 教育部高等学校教学指导委员会. 普通高等学校本科专业类教学质量国家标准[S]. 北京：高等教育出版社，2018.

创业教育中，笔者结合专业本身的特点，深度挖掘中国优秀传统文化的精神意蕴，探索中华优秀文化深度融入高校创新创业教育的价值意蕴和融入路径，建设"中华优秀传统文化+双创教育"的系列举措，推进有思想、有灵魂、有使命的双创教育，培养学生较强的创新精神、扎实的专业基础和高阶创新能力，造就深怀家国热爱，有梦想、使命和责任感的一流国际中文人才。

（二）高校中文专业开展创新创业教育的目标

笔者所在的中文学院人才培养目标为秉持"国学根柢，世界眼光"的人才培养理念，着力培养"国学、外语、实践、创新"相结合的特色中文人才——既具有扎实中国文化功底，又具有高水平外语能力的高素质复合型人才。同时，新文科建设要进一步推动中华优秀传统文化创造性转化、创新性发展。处在历史新节点，新文科要守正创新，传承和创新中华优秀传统文化。①

为此，结合新文科教育的新要求和中文专业人才培养目标，笔者认为中文专业创新创业教育以"专、思、创"融合为培养目标。"专、思、创"是指专业教育、思想政治教育与创新创业教育三者的深度融合，具体包括：

"专"即外语院校的国际化办学定位和中文专业优势。首先将双创教育融入外语院校国际化定位、人才培养目标，将双创教育融入人才培养方案；其次，双创教育与中文专业课堂深度融合；最后，学生双创实践和参赛成果体现外语院校国际化优势和中文专业特色。

---

① 樊丽明. 中国新文科建设的使命、成就及前瞻[J]. 中国高等教育，2022（12）：21-23。

"思"即思想政治教育的价值塑造，强调培养学生的家国情怀和中国风格的人文素养，通过课程思政，将以爱国主义为核心的民族精神、以改革创新为核心的时代精神、中华优秀传统文化深度融于双创教育。

"创"是指广义双创教育理念，即坚持双创教育是创人生、创志业、创伟业的价值创造教育（而非仅仅指创办商业的教育），着力引导学生深怀家国热爱，基于专业优势致力于中华优秀传统文化走出去的双创教育实践。

（三）新文科视域中文专业创新创业教育的特点

基于新文科创新创业教育的价值意蕴和内涵特征，高校中文专业创新创业教育有以下特点：第一，充分倡导文科双创教育的价值塑造，在创新创业教育中培养有灵魂、有使命的"价值人"，发挥人文学科的特点，塑造学生的精神品格，涵养学生的人文底蕴；第二，充分倡导文科教育的学科交融，包括文科教育内部学科交融和文理融通，共同赋能双创教育；第三，倡导文科双创教育实践教学的范式创新，重视人文学科学生高阶实践能力的培养，训练学生解决专业真实问题的能力，达到学以致用，实现文科教育的"价值创造"。基于这样的认知基础，在十三年中文双创教育的过程中，笔者以中华优秀传统文化为双创教育的灵魂和基因，通过系列教育教学举措的探索和改革，建立了中华"优秀传统文化+"双创教育的模式，培养学生基于专业的创新实践能力。

六、创新创业教育课程

课程是高校人才培养的一大要素。创新创业课程质量直接关系到创新创业教育的成效。因而，对创新创业课程质量的提升开展探讨和研究具有重要的理论与实践价值。黄兆信、杜金宸（2020）[①]研究了双创课程现状。认为存在以下问题：创新创业课程实施和教学模式创新不足；创新创业课程内容与专业知识缺乏有效结合；创新创业师资评价和培育机制不完善。

　　创新创业教育是一个综合性的教育工程，"专创融合"不能仅仅依靠一门或几门创新创业课程来实现，专业教育和创新创业教育的融合需要逐步渗透和渐进发展。[②]高校创新创业教育课程可以界定为培养创新创业人才，面向全体学生建构的创新创业教学科目和各种创新创业教育、教学活动的系统。具体而言，创新创业教育课程包括创新创业课堂教学活动和创新创业课外实践教学活动。[③]同时，创新创业教育课程包含的课程应该是一个广义的和综合的概念，不仅仅包括狭义的冠以"创新创业"关键词的普及课程，也应包括通识课、专业课、实践课等。故此，创新创业课程一般分为通识课、专创融合课、实训课。结合人文学科类专业特点和教育教学实际，笔者把在中文专业所开设的双创课程分为普及型通识课、专创融合型通识课、专创融合型专业课三个主要类型。

---

① 黄兆信，杜金宸. "双一流"建设高校学生对创新创业课程质量满意度研究[J]. 华东师范大学学报（教育科学版），2020，38（12）：33-41.
② 陈幂册，李航，张崴，等. 专创融合视角下的高校创新创业课程体系构建[J]. 实验室科学，2020（5）：236-240.
③ 舒霞玉. 我国高校创新创业教育课程建设研究[D]. 长沙：湖南大学，2021.

第四节 研究的理论基础

在新文科视域下,构建高校中文专业创新创业教育模式,是基于"CDIO"教育理念、"OBE"教育理念、情感教学理论、"广谱式"双创教育等教育理论的指导。本节将对本研究的相关理论基础予以阐释。

一、"CDIO"工程教育理念

CDIO 工程教育理念是基于工程教育模式建构的。CDIO 工程教育模式是近年来国际工程教育改革的最新成果。"CDIO"每个字母代表构思(Conceive)、设计(Design)、实现(Implement)和运作(Operate)4 个关键词。CDIO 教育理念不仅继承和发展了欧美二十多年来的工程教育改革理念,更重要在于提出了系统的能力培养、全面的实施指导、完整的实施过程和严格的结果检验等 12 条标准,具有很强的可操作性。

CDIO 教育理念是"做中学"与"基于项目的教育与学习"的集中概括和抽象表达,它强调以积极的、主动的、实践的、课程之间有机联系的方式学习。这种"做中学"战略下的教育模式,是一种将实践教育与理论教育相结合的教育理念,其大纲的能力目标与高校创新创业教育培养的素质要求存在高度的契合性。而创新型人才培养也正是当前高校深化教育教学改革需要实现的目标。

将 CDIO 教学理念用于指导创新创业教育改革有着积极意义,主要体现在以下方面:第一,CDIO 理念提倡以学生为中心,强调

"做中学",这将改变以教师为中心的传统教学模式,更适应创新创业教育注重实践教育的特点,让学生在丰富的实践中学习,将有效提高学生参与双创实践的主动性、积极性和创造性;第二,CDIO理念强调"学中思",这将改变传统的知识灌输型教学方式,更适应双创教育"价值创造"教育的本质,让学生在实际运用知识的过程中思考,进而体会、感悟创新创业教育的创造性、可能性和多元性,于潜移默化中实现对学生的熏陶与影响,促进学生高阶能力的形成;第三,CDIO理念主张"基于项目的教育与学习",将创新创业教育各板块教学内容联系成有机整体,让学生在科学系统的课程项目中学习,在双创竞赛中让双创项目不断成长,形成自主探索问题、研究问题、解决问题的习惯,促进学生创新精神和实践能力的提升。

二、"OBE"教育理念

OBE 是从由美国学者斯派蒂(William G. Spady)提出,并进行实践总结的一个概念。[①]OBE 教育理念全称为"Outcomes-based Education",简称为 OBE,又称为成果导向教育。OBE 理念是一种强调以学生学习为中心,紧密围绕学生未来所需要的知识、能力和素质来进行培养的教育思想。"OBE 是以学习者为中心、成果导向、持续改进三个要素的合成;OBE 模式的运行机制是自保障、内保障、外保障三个层面质量保障体系的循环;OBE 模式的结果

---

① 张男星,张炼,王新凤,等. 理解 OBE:起源、核心与实践边界——兼议专业教育的范式转变[J]. 高等工程教育研究,2020(3):109-115.

是标准化与多样性的统一。"①这种理念与创新创业教育培养目标有较高契合性。

为此,我们将OBE教育核心理念运用于创新创业课程的建设和研究,以期提升课程教学质量,培养学生高阶思维与实践能力,助力学生实现更高质量的创新创业。具体而言,在教学改革实践中,强调以学生学习为中心,以培养学生基于所学专业的创新精神、创业意识和创造能力为目标,以目标导向来反向设计创新创业课程,同时注重在教学实践中根据学生学习反馈不断优化教学体系设计,以最终促进学生创新精神、创业意识和创造能力的发展形成。

三、情感教育理念

情感教学理念是指,在充分考虑教学中的认知因素的同时,又充分重视教学中的情感因素,努力发挥其积极的作用,以完善教学目标,改进教学的各个环节,优化教学效果,促进学生素质的全面发展。②情感教学理念指导下的教学改革需要遵循一定的基本原则,一般包括:乐情原则、冶情原则和融情原则。乐情原则的含义:在教学活动中,教师要积极创设条件让学生怀着快乐、感兴趣的情绪进行学习;冶情原则的含义:在教学活动中,教师要积极创设条件使学生的情感在学习的过程中得到陶冶;融情原则的含义:在教学活动中,教师要积极创设条件使师生人际情感

---

① 张男星,张炼,王新凤,等.理解OBE:起源、核心与实践边界——兼议专业教育的范式转变[J].高等工程教育研究,2020(3):109-115.
② 卢家楣.情感教学心理学研究[J].心理科学,2012(3):522-529.

在教学过程中积极交融。①在创新创业系列课程的研究中，我们采用情感教学理念和教学原则来进行课堂教学改革，建立"情感教学模式"，贯彻乐情原则、冶情原则和融情原则，以实现双创教育的价值素养的教育目的，实现培养"价值人""情感人"的教育目标。

四、"广谱式"双创教育理念

"广谱式"创新创业教育是在高校普及双创教育背景下应运而生的，旨在开展普及型双创通识教育。"广谱式"有"广义"和"普及"两层含义，在教育内容方面可以解释为普及性的、广义的创业教育；在教育模式方面可以解释为是相对于面向商学院学生开展的"专业式"创新创业教育而提出的一种教育理念和教育模式；核心理念是"面向全体学生""结合专业教育""融入人才培养全过程"，基本目标是"全覆盖""分层次"和"差异化"。②全覆盖、分层次和差异化是"广谱式"创新创业教育的显著特点。

基于"广谱式"双创教育理念，笔者所在学院开展创新创业教育的思路是结合中文专业教育特点，面向全体学生，着眼于培养学生的创新意识、创新素养和实践能力，将双创教育融入人才培养全过程，建立分层次、分阶段的双创教育模式，推进普及型、融合型课程建设，同时关注学生的个性化发展需求，加强对学生的一对一、精细化指导与培养。

---

① 卢家楣. 情感教学心理学研究[J]. 心理科学，2012（3）：522-529.
② 王占仁. "广谱式"创新创业教育概论[M]. 北京：人民出版社，2016.

第五节　研究思路、研究方法和创新之处

一、研究思路

本研究按照文献综述—核心概念界定—典型个案研究的逻辑思路，力求以典型个案高校中文专业的创新创业教育为例，深入探索人文社科类专业创新创业教育在顶层设计、教育模式、课程体系建设、实践教学和竞赛组织与指导方面的典型经验和一般规律。本研究具体思路如下：

第一，搜集和研读高校创新创业教育相关的研究文献，撰写文献综述。第二，界定本研究的核心概念，阐释研究的相关理论基础。第三，结合教育实践和调查研究，系统总结阐释高校中文专业创新创业教育模式。第四，深入分析研究高校中文专业创新创业通识课、专创融合型通识课和专创融合型专业课的建设存在问题、教学改革情况和未来建设规划，力求探索人文类专业双创体系课程建设的一般规律和普遍经验。第五，研究分析高校中文专业双创教育实践教学现状，探讨双创实践教学的教育改革举措和创新经验。第六，研究分析中文专业双创竞赛指导理论和实践经验。最后总结全书研究。

二、研究方法

（一）调查研究法

详尽搜集、系统整理高校相近专业双创教育课程教学改革经

验与双创教育开展现状研究有关的学术论文、专著和研究报告等；综合运用访谈、观察等方法深入研究四川外国语大学中文专业开展双创教育现状及实际成效。

（二）跨学科研究法

运用教育学、社会学、心理学、管理学等多学科的理论、方法，探索构建中文专业双创教育示范模式。

（三）个案研究法

以四川外国语大学中文学院十三年创新创业教育模式为典型个案，进行系统、深入的调查分析，了解开展中文学院创新创业教育的现状，结合教学实践，总结创新创业教育的典型经验和一般规律。同时，以双创教育类系列课程为典型个案，包括国家级创业金课、省级一流课程、省级课程思政示范课等多门优质课程案例，以典型案例为研究对象进行深入调查分析，了解课程教学存在问题，总结教学改革经验，探索有效教学的典型模式。

三、创新之处

本研究在新文科教育理念下，结合教育实践，探索人文类专业创新创业教育的典型经验和一般规律，有以下可能的创新之处：

第一，研究理念新。本研究将"创新创业教育"定义为广义双创教育，即创业的"业"不仅是创办企业，更是可以广义理解为开创事业、开创人生，在这一广义双创教育理念指导下，提倡"广谱式"双创教育。

第二，研究视角新。本研究将工程教育理念 CDIO 核心理念等融入人文类专业的创新创业教育研究,有利于开拓研究思路,尝试建立新的研究范式。

第三,研究对象拓展。在新文科建设背景下,本研究突破传统的对创新创业课程的认知,以广义双创教育理念探索双创类课程建设和改革,将通识课、专业课纳入专创融合型课程建设和研究的范畴,为人文社科类专业创新创业教育课程建设开阔研究思路和研究范畴。

第四,研究结论开阔。本研究结合文科高校中文专业的学科和学生特点,研究设计了 CDIO 理念下"专思创"融合的中文专业双创教育示范模式,进一步探究双创教育与专业教育的作用机制和内在逻辑,凝练人文社科类专业开展创新创业教育的一般经验,为人文类专业双创教育模式的设计提供有益借鉴和参考。

第二章

高校中文专业创新创业教育模式建设实践与研究

本章主要探讨了高校创新创业教育示范校典型经验和创新创业教育现状，阐释了高校中文专业创新创业教育模式，回顾了中文专业创新创业教育探索历程及教育实施路径。

第一节 高校创新创业教育典型经验与现状简析

一、高校创新创业教育典型经验

在"大众创业，万众创新"的时代，双创教育已成为高校深化教育改革的重点，对高校创新创业教育模式的研究也不断增多。各高校高度重视创新创业教育，将创新创业教育改革作为深化高等教育综合改革的突破点，不断加大学生创造能力、创新意识和创业技能的培养力度，有效提升学生的双创素养。教育部先后开展了全国创新创业典型经验高校、深化创新创业教育改革示范高校、国家级创新创业学院和国家级创新创业教育实践基地建设等评选，以推进高校创新创业教育改革深化发展。以笔者高校所在的重庆市为例，重庆市入选全国创新创业典型经验高校有重庆交通大学（2016年）、重庆文理学院（2016年）、四川美术学院（2017年）、重庆电子工程职业学院（2017年）、重庆科技学院（2018年）、重庆邮电大学（2018年）、重庆大学（2019年）等七所高校。重庆市入选深化创新创业改革示范高校有重庆大学（第一批）、重庆邮电大学（第一批）、四川美术学院（第二批）、重庆科技学院（第二批）四所高校。重庆市入选首批国家级创新创业学院建设单位有西南大学、重庆文理学院；首批国家级创新创业教育实践基地有重庆大学、四川美术学院。

通过文献梳理和调查研究发现，双创典型校和双创示范校在创新创业教育的普遍做法和典型经验如下：第一，积极优化双创教育顶层设计，充分发挥学校的学科优势，不断推进高校创新创业教育改革的步伐；将创新创业教育改革深度融入学校人才培养体系，深度融入人才培养全过程。第二，着力推进创新创业课程体系建设，推动创新创业教育和专业教育深度融合，建好双创普及课，推进专创融合示范课，探索双创实训课建设，实现课程体系的在学阶段全覆盖。第三，强化创新创业教育师资建设，建立创新创业专家导师库，引进业界导师，探索学校和业界、多学科交融的创新创业师资体系建设。第四，大力推进校企合作、校地合作，推动"产学研用"一体化，构建创新创业教育实践教学新范式，搭建高水平学生创新创业的实践平台，为学生双创实践提供平台和场地保障。第五，强化双创系列制度建设，为双创教育提供充分的政策制度保障，营造"敢创会闯"的双创教育良好生态文化氛围。

二、高校创新创业教育现状分析

创新创业教育是高校深化教育教学改革的重点和突破口，创新创业典型校的经验可以为一般高校推进创新创业教育提供有效经验和示范借鉴。目前，一般高校创新创业教育还存在以下问题：第一，双创教育理念需进一步革新，应建立符合学校学科特点的顶层设计。第二，创新创业教育与专业教育相对"脱节"，创新创业教育和专业教育存在"两张皮"的现象，专创融合型教育需进一步推进。第三，创新创业教育课程教学师资、竞赛指导师资建设需加强。第四，创新创业课程体系有待进一步完善，示范性双创课程建设应进一步推进。第五，学生双创项目选培机制有待进一步完善，学生科研和双创类竞赛应探索进一步融合发展。第六，学生参与高水平竞赛积极性亟待提升，精细化指导机制应进一步加强。第七，创新创业教育文化氛围建设应加强。

第二节　高校中文专业创新创业教育模式

  本节在广泛调研高校同类专业创新创业教育现状和先进经验的基础上，结合四川外国语大学中文学院创新创业教育改革实践，系统梳理开展创新创业教育经验，构建具有推广价值和借鉴意义的高校创新创业教育新模式，以探索新文科视域下人文社科类专业创新创业教育与专业教育深度融合的有效教学改革路径。

  在新文科建设背景下，中文学院坚持立德树人为根本目标，以工程教育成果 CDIO 理念为核心指导，从双创教育理念重塑、双创教育课程体系构建、双创教育实践教学体系改革、双创教育中心建设和双创教育文化氛围塑造等五个维度进行教学实践，推进创新创业教育深度融入专业教育，建立符合中文学院研究生和本科生人才培养特点的创新创业教育新模式。经过十三年的砥砺实践，中文学院有效构建中文类专业双创教育的示范模式，深入推进"专业教育、思想政治教育与创新创业教育"深度融合型双创教育，有效提高了人才培养质量。十三年来，中文专业研究生和本科生在国家级、省级双创类学科竞赛获奖全校独占鳌头，成果丰硕。学生累计荣获双创类学科竞赛省级及以上奖励超过 300

项，其中中国国际"互联网+"大学生创新创业大赛省级奖43项。同时，创新创业教育改革深度助力中文学院一流专业建设，成为中文学院人才培养体系中实践教学的特色和亮点；极大提升研究生和本科生创新实践能力，促进毕业生实现更高质量的就业创业。

一、新文科视域下高校中文专业创新创业教育模式概述

（一）基于CDIO理念的中文专业创新创业教育模式

在大众创业、万众创新的新时代，新文科建设背景下的高校创新创业教育是面向全体大学生，以理论密切联系实际，实现知识的学以致用为根本目的的通识教育。创新创业教育是以培养大学生基于专业的创新思维、创业精神和创业实践能力为目标，以课堂教学和实践教学为主要载体，培养学生今后开创事业、开创人生所必备的品格、意志、知识、思维、能力的新的素质教育。深化创新创业教育改革，应将创新创业教育贯穿专业的人才培养全过程，深度有机融入人才培养方案，建立适合专业特点的创新创业教育模式，以推进创新型人才培养。CDIO教育理念是近年来国际工程教育改革的成果。"CDIO"分别代表构思（Conceive）、设计（Design）、实现（Implement）和运作（Operate）四个英文单词的缩写，它尤其强调以积极、主动、实践、课程之间有机联系的方式进行学习；它以"做中学"和"项目化教学"为基本教学组织模式。CDIO理念强调理论教育和实践教育紧密结合，这种提倡学以致用的教育理念，其培养人的能力目标与创新创业教育的培养目标有较高的契合性和一致性。为此，我们将CDIO教育核心理念引入，强调以学生学习为中心、以教师教学为主导、在

实践中学习来开展创新创业教育，探索构建新文科视域下 CDIO 理念为指导的创新创业教育新模式。让学生在"做中学""学中思"，关注研究与专业相关的真实问题，运用所学解决与专业相关的真实问题，实现学以致用，从而提升基于专业的高阶运用能力，培养创新型人才。

（二）构建基于 CDIO 理念的高校中文专业创新创业教育模式重要意义

在新文科视域下，以 CDIO 理念为指导构建人文社科类专业创新创业教育新模式具有重要理论意义和应用价值。首先，丰富新文科视域下高校人文社科类专业创新创业教育理论研究。将工程教育成果 CDIO 核心理念引入人文社科类专业创新创业教育，着力把 CDIO 理念强调的"做中学"和"项目化教学"深度融入人文社科类专业创新创业教育，用以指导创新创业教育模式构建，进一步拓宽人文社科类专业创新创业教育研究思路。其次，在新文科建设背景下，重点针对文科专业开展创新创业教育的难点进行研究和教学实践，是探索文科专业推进创新创业教育实现路径的有益尝试，有利于突破文科专业开展创新创业教育的瓶颈，拓展教学改革思路。最后，以中国语言文学类研究生和本科专业创新创业教育为示范进行研究实践，探索创新创业教育与中文专业教育深度融合。以基于专业的科研和双创模拟训练为重点，促进学生基于专业的创新精神、创业意识和创新实践能力的提升，培养复合型拔尖人才，对于推进文科专业专创融合型双创教育具有重要实践价值和示范意义。

二、基于 CDIO 理念的高校中文专业创新创业教育模式研究和实践

通过广泛调研同类文科高校相近专业创新创业教育先进经验和教学改革实践，主要从以下五个维度构建新文科视域下基于 CDIO 理念的中文专业创新创业教育新模式。

（一）CDIO 理念下的创新创业教育理念革新

坚持立德树人为根本，在创新创业教育的顶层设计中，推进专业教育、思想政治教育与创新创业教育三者深度融合，推进双创教育改革。首先，坚持思想政治教育对创新创业教育的价值引领，突出创新创业教育的育人本质，将思想政治教育有机融入创新创业教育全程。在创新创业教育中厚植家国情怀，深度融入中华优秀传统文化、社会主义核心价值观等德育元素，强调新文科建设下，推进有灵魂有使命的教育，实现铸魂与育才相融合的双创教育。同时，将创新创业教育融入中文专业人才培养全程，实现专业教育与创新创业教育的有机融合，引导学生将所学专业知识运用于创新创业实践，探索人才培养的新范式。其次，以 CDIO 教育理念为指引，坚持以学生发展为中心，通过"做中学""学中思"的创新创业教育，让学生在亲身实践中培养学以致用的高阶创新能力。

（二）构建 CDIO 理念下的创新创业教育课程体系

坚持以课堂教学为主渠道推进创新创业教育，以课程思政理念和 CDIO 教育理念为指导，深度探索创新创业课程建设与改革。首先，依据人才培养方案，分阶段开设双创通识课、"专创融合型"

专业课、双创实训实践课，建立并完善创新创业教育"阶梯式"的课程体系。其次，分类推进课程建设和教学改革。在双创通识课中深度探索"课程思政"教学改革，融思想政治教育于创新创业教育，融德育元素于课堂教学，以教师的无私奉献，身体力行践行"课程思政"；在专创融合课型专业课，有机融入创新创业教育元素，培养学生运用专业知识发现问题，基于专业所学解决真实问题的实践能力；在双创实训实践课，鼓励学生结合专业前沿设计创新创业项目，开展调查研究、实践训练，让学生在"做中学"中培养"敢闯会创"的拼搏精神和创新创业能力。

（三）探索 CDIO 理念下的创新创业教育实践教学体系改革

贯彻 CDIO 理念"做中学"和"项目化学习"的理念，探索建立"三层次、四模块、多平台""递进式"的创新创业教育实践教学体系。实践教学"三层次"为双创教育分阶段的教学目标，指大学一年级重在启迪学生创新思维、创新精神和创业意识，大学二年级重在培养学生创新创业基本素质和创新创业能力，大学高年级和研究生阶段重在开展科研和双创模拟训练、科研和双创竞赛实训。实践教学"四模块"，是将实践教学内容分为创新思维和创业意识、创新创业基本素质、基于专业的创新创业能力和基于专业的研究能力四大能力模块。每一模板有对应的实践教学项目，以项目化教学强化对应实践能力养成。实践教学"多平台"，指着力建设与实践教学内容相适应，贯彻 CDIO "做中学"核心教育理念的专业实训室、学生社团、实习基地等实训实践平台。通过实践目标、实践内容和实践平台的建设，探索 CDIO 理念下的创新创业教育实践教学体系改革。

(四) 加强 CDIO 理念下的创新创业教育中心建设

全面推进创新创业教育中心建设,为创新创业教育改革提供智力支持和实训支撑。中文学院建有学校首个创新创业教育中心,双创教育中心以 CDIO 核心教育理念为指导,以学院创新创业教育师资建设、创新创业教育理论研究、学生实训平台建设、学生职业导航和高水平创新创业竞赛指导为工作重点,致力建设集创新创业教育研究、创新创业教学、创新创业竞赛指导为一体的教学科研型机构。双创教育中心建设有效保障了学院创新创业教育的有力推进。

(五) 营造鼓励创新创业教育的文化氛围

从以下三方面着力营造创新创业教育文化氛围:首先,突出价值引领。以立德树人,厚植家国情怀,培养理想信念坚定的青年创新创业者为创新创业教育的价值引领目标。其次,强调培养学生开创事业、开创未来所需要的意志品质与拼搏精神,培育"敢闯会创"的创新创业文化。最后是突出高校开展创新创业的教育示范引领作用,鼓励基于专业的创新创业,强调团队成员所学专业知识和技能在双创项目中的转化和运用。不简单以创业实绩和创业结果作为创新创业教育的评判标准,树立积极健康的创新创业观念。努力营造鼓励创新、呵护创新、宽容失败的创新创业文化氛围,激发学生参与创新创业的热情;教师投入大量时间和精力,全心指导,精心培育学生的创意,尽心保护学生的创新,让他们的每一个创意创新都能不断成长。

三、基于 CDIO 理念的高校中文专业创新创业教育模式实践成效

CDIO 理念下的高校创新创业教育模式应用于教育教学实践，对于推进创新创业教育、深化教育教学改革、提高人才培养质量效果显著。

（一）创新创业系列课程体系建设成效明显

近年来，在"专思创"三融合理念指导下，中文学院基本建成包含通识课、专创融合课和实训课的双创教育"阶梯式"课程体系，实现以课堂教学为主渠道，引导学生运用所学专业知识开展创新创业训练与实践。目前在研究生阶段开设有"'互联网+'汉语国际教育实践"等专创融合型课程，在本科阶段开设有"创新创业导论""大学生创业教育""CDIO 理念下创新创业训练""新文科专创融合训练与实践"等通识课程以及"语言与文化""地名与文化""汉语言文字与应用"等专创融合型专业课程。经过五年努力，课程组获全国就业创业金课 1 门，省级课程思政示范课 2 门、省级一流课程 2 门。同时，通过系列双创课程，实现学生创新创业成果根植于课程，培育孵化数百项深怀家国热爱，传承中华文脉，保护中华优秀传统文化的获奖文创项目，"专思创"融合型双创教育成效显著。

（二）学生参加高水平创新创业竞赛获奖成果丰硕

在科创竞赛的实践训练中，学生的创新思维、创新精神和创新创业能力明显提高，形成了人人参与的创新创业文化，涌现出一批创新创业获奖成果和先进典型。中文学院师生奋勇拼搏，学

生高水平学科竞赛获奖成果丰硕。近五年（2018年至今），中文学院在三创赛、挑战杯等高水平双创竞赛共获国家级奖项10项，占比全校总数近90%，其中国赛一等奖3项；省级奖150余项，占比全校同类竞赛项目数近60%，涌现"芳馥中华""踏风行耘""龙印象""巴山峡川"等优秀项目，其中近五年在中国国际"互联网+"大学生创新创业大赛获省级奖项27项，占比全校58.7%，全市同类专业突出。标志性学生获奖成果如2022年第十二届全国大学生电子商务三创赛总决赛一等奖（非遗童学荟项目）、2022年第十二届全国大学生电子商务三创赛总决赛三等奖（巴山峡川项目）、2021年第十一届全国大学生电子商务三创赛总决赛一等奖两项（龙凤呈香和踏风行耘项目）、2022年第十六届iCAN全国大学生创新创业大赛总决赛三等奖（龙印象项目）、2021年第十五届iCAN全国大学生创新创业大赛总决赛三等奖两项（汉语帮和佳孢荑项目）、2017年第七届全国大学生电子商务三创赛总决赛特等奖（"DIY旧衣改造"项目）、2018年全国首届高校创新创业创造教育精品成果展总决赛三等奖（美食美客项目）、2018年全国首届高校创新创业创造教育精品成果展总决赛优秀奖（新桃换旧符项目）、2018年第八届全国大学生电子商务三创赛总决赛三等奖（聚芯社团队）。通过在高水平双创竞赛中获奖，学生获双创研修资助奖励、双创奖学金，有助于优秀学子开阔国际视野，家庭困难学子实现"创新俭学"。

（三）深化创新创业教育改革助力一流专业建设

创新创业教育改革成为中文学院国家级一流专业建设点汉语国际教育专业实践教学的特色和亮点，学生创新实践成果广受好评和赞誉。中文学院双创教学改革成果获重庆市教学成果二等奖，校级教学成果奖 2 项。

（四）深化创新创业教育改革助力学生成长成才，实现理想就业创业

得益于双创教育培养出学生的创新意识、创新思维、实践能力和拼搏精神，近年来毕业生就业质量显著提高，自主创业学生明显增加，创新创业教育助力优秀毕业生实现更为理想的人生发展。

新文科视域下基于 CDIO 理念的中文专业创新创业教育模式的研究与实践，对于提升高校人才培养质量意义深远。深化人文社科类专业创新创业教育改革，应从创新创业教育理念革新、创新创业课程体系建设、创新创业实践教学体系改革、创新创业教育中心建设和创新创业文化氛围建设等方面进行深入研究，总结实践经验，构建系统的创新创业教育新模式，引领学生亲身参与创新创业训练与实践，让学生在"做中学""学中思"，以促进学生高阶实践创新能力全面提升，成为面向未来的拔尖创新人才。

第三节 中文专业创新创业教育探索历程及实施路径

一、中文专业人才培养模式及特点

笔者所在的四川外国语大学中文学院，依托外语院校学科优势和专业特色，本科人才培养具有以下鲜明特点。

(一)以"123"中文人才培养模式为纲领

"123"人才培养模式是四川外国语大学中文学院人才培养的基本模式,具体指"一个总体目标、两大导研系统、三个特色模块",以培养具有深厚中国文化底蕴,较强外语能力的国际化、复合型中文人才为目标,在人才培养过程中形成"研究、导学"两大系统,在教学中突出"国学、外语、实践"三大模块。

(二)以 CDIO 教育理念为引领

CDIO 教育理念是近年来国际工程教育领域改革的最新成果。CDIO 代表构思(Conceive)、设计(Design)、实现(Implement)和运作(Operate),强调根据学生个性化学习要求和未来发展规划开设课程,让学生以主动的、实践的方式进行学习。改变传统以教师为本组织教学的"我有什么就教什么",为以学生为本组织教学的"我要什么就教什么"。强调"做中学"和"基于项目的学习"。2017 年,中文学院教学改革成果"CDIO 理念下的中文专业'双创'教育'243'模式探索与实践"项目获重庆市高等教育教学成果二等奖。

二、中文专业创新创业教育实践探索历程

自 2010 年 7 月起,中文学院在学校率先结合学校特色和专业特点,以助力学生生涯发展为初心,以培养学生创事业、创未来的广义双创教育理念为指引,将"专业教育、思想政治教育与双创教育"深度融合,创新构建铸魂育才的"中华优秀传统文化+"创新创业教育的双创教育体系,革新实践教学组织模式,助力学

子有如诗如歌如梦的未来，培养具有中国情怀、国学根柢、世界眼光的一流国际中文人才。十三年来，中文学院开展双创教育坚持在教育理念、人才培养顶层设计、教研机构建设、课程建设、师资建设、激励保障制度、文化氛围塑造、竞赛组织等八个方面着力推进双创教育。

第一，塑理念。以广义双创教育为着眼点，推进专业教育与创新创业教育深度融合，强调双创教育是实现"价值创造"的教育，突出育人本质和价值引领。

第二，进顶层设计。创新创业教育深度融入人才培养方案，深度融入人才培养全程，深度融入专业课程教学，形成长效机制。

第三，建机构。建设双创教研机构—创新创业教育中心，成为推进双创教育的"智力支撑"。

第四，建金课。以课程建设为主渠道，打造示范课程群。培育孵化国家级示范课程，不断扩大双创课程的受益面，让更多学子受益成长。

第五，强师资。强调新文科的价值重塑，以省级课程思政教学名师团队为基础，力争打造一流课程思政教学团队和教学名师。

第六，重保障。做好创新创业教育师生调研、实践、参赛的政策和条件保障。

第七，植氛围。厚植学院双创氛围，突出对优秀学生的宣传，突出示范效应。

第八，创突破。构建竞赛选培机制，以竞赛促实践，在中国国际"互联网+"大学生创新创业大赛取得获奖历史突破。

通过上述教学理念、顶层设计、教研机构、课程建设、师资建设、保障制度、文化氛围、赛创合一八个维度的综合教育举措，推进专业教育与创新创业教育的深度融合,培养面向未来的创新型人才。

三、中文专业创新创业教育实施路径

在十三年教学实践中,具体来说,笔者所在学院以 CDIO 理念下"335"教育模式为实施方案推进双创教育。

CDIO 理念下双创教育"335"模式:围绕培养学生实践创新能力这一总目标,坚持三融合的教育理念构建三项激励保障机制和五位一体教育载体,探索建立一套符合中文专业特点、行之有效的"335"创新创业教育模式(如图 2-1 所示)。

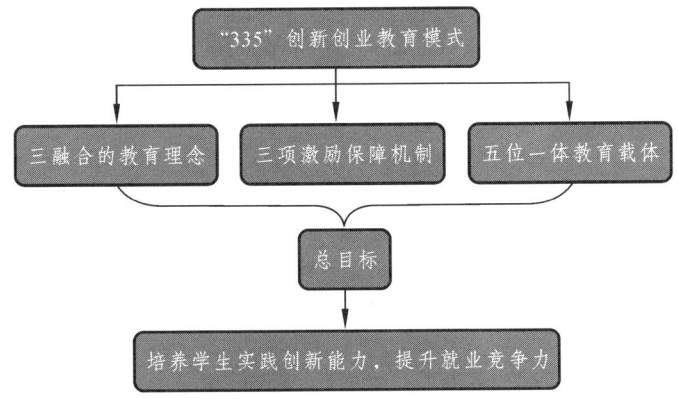

图 2-1 高校中文专业创新创业教育模式图

实践创新能力一般包括创新意识与创新精神、创新能力和实践能力等要素。根据实践创新能力的内涵,围绕提升学生实践创新能力这一总目标,我们构建了"335"模式,具体而言,"3"即三融合:一是创新创业教育与专业教育融合发展;二是创新创业教育与学生服务社会融合发展;三是创新创业教育与学生实践融合。"3"即三项激励保障机制:"制度引领保障机制、文化引领"激励机制和科研实践中心推进机制。"5"即依据学生所处不同年级阶段特点,构建促进学生实践创新能力形成的 5 个教育载体:创新创业课程体系(中心载体)、创新创业导学系统、创新创业竞赛体系、创未来研习小组和创新创业实践训练营。

(一)坚持三融合的双创教育理念

专思创三融合的理念在实践中具体体现为以下三方面。

1. 坚持创新创业教育与专业教育融合发展

全校率先将创新创业教育纳入专业培养体系,开设"专创融合"的创新创业教育必修课程;推进"课程双创",将培养创新创业能力融入专业课教学,挖掘每一门课程的创新创业教育元素,基本实现学生创新创业项目根植于专业。

2. 坚持创新创业教育与学生服务社会融合发展

坚持让学生将创新创业梦与服务社会融合发展,促进他们从学生思维到社会思维的发展,引导他们关注社会热点现实,关切公益双创,在实践中筑梦成长。

3. 坚持学生创新创业与学生实践融合发展

鼓励教师带动学生开展创新创业,学生参与教师科学研究;鼓励学生参与高水平双创竞赛,投身双创实践。

(二)创建三项激励保障机制

具体是指建立"文化引领""制度引领"激励机制和科研中心理论保障机制。

1. "文化引领"激励机制

一是通过学院微博、微信公众号等宣传平台加大对创新创业优秀成果和典型学生的宣传。二是定期举办优秀团队、优秀校友经验交流分享会。三是家校合力,通过新型家访等方式共同激励引导学生参与创新创业相关活动。

2. "制度引领"激励机制

一是将创新创业教育纳入人才培养规划,将创新创业教育纳入了中文学院特色学科群规划建设项目。二是制定完善相关鼓励学生参加创新创业实践活动的规章制度,对参加创新创业类实践活动的学生给予优先认定创新学分。三是开展系列表彰,在学年、毕业表彰中加入"创新人才奖"这一荣誉称号。四是毕业论文多样化改革,规定创新创业成果可替代毕业论文设计。

3. 科研中心理论保障机制

全校率先成立双创教学科研机构——创新创业教育中心,包含创新创业教研室、学生科创训练中心和生涯规划咨询室,以创新创业师资建设、创新创业教育理论研究、学生实训平台建设和学生生涯导航为工作核心,专注双创的顶层设计,保障创新创业教育工作的有力推进。

(三)构建"五位一体"教育载体

1. 开设专业教育与创新创业教育融合的系列课程

自2017年起,在汉语国际教育(教改班)开设专业必修课"创新创业导论"、专业限选课"CDIO理念下创新创业训练"、专业选修课"互联网+创新创业项目实践"等课程,以课程建设为核心推进双创教育。

2. 构建创新创业导学系统

有针对性地邀请创新创业领域专家、专业教师、毕业校友举办相关讲座，启蒙学生创新创业意识，目前已形成"新生导学""未来与发展""国学大讲堂""中文讲坛""双创专家论坛"等系列品牌讲座，构建起较为完善的导学系统。

3. 构建多层次多类别创新创业竞赛体系

精心举办系列创新创业竞赛和学科专业竞赛。组织学生参加挑战杯竞赛、中国国际"互联网+"大学生创新创业大赛、大学生创新创业训练计划等高水平学科专业竞赛，与之对应形成系列院系级常态化品牌竞赛，如中文学院创新创业训练计划立项、中文学院学生创新创业论坛、中文学院创业计划挑战赛等。

4. 成立创未来研习小组

成立专门的院系创新创业导师团，着力加强创新创业导师队伍建设。在导师精心指导下，以引导学生加强课外自主探索学习为目标，鼓励学生跨年级、跨专业组建创未来研习小组，定期开展创新创业主题研讨、学习心得交流等活动，启迪学生创新精神。

5. 开办创新创业实践训练营

依托系大学生创新创业训练中心开办创新创业实践训练营，广泛吸纳优秀的创新创业个人和团队入营，对创业中心学生和团队进行精心个性化指导和重点培养，开展创业先锋培训班、创业园区参观、创业项目路演展示等系列活动，并在条件成熟时与学校创业孵化园对接，将有潜力的项目输送至孵化园进一步孵化。

四、中文专业双创教育建设经验

(一)双创与专业教育紧密结合

在创新创业教育中,以中华优秀传统文化为根与魂,深度融入中文专业元素,着力引导学生在专业前沿进行双创实践。在专业课堂教学环节融入创新思维培养,在实践教学环节结合创新创业活动,规定创新创业成果可替代毕业论文。成果探索了文科院校创新创业教育与专业教育深度融合,共同推进学生实践创新能力培养,进而助推学生就业竞争力提升的有效路径,产生了一大批与本专业密切结合的学生科创成果。学生双创获奖成果中75%以上的成果专业归属与中文专业密切相关,如专事汉语国际教育推广的寸草汉语创业团队、推广传统茶文化的见素茶斋创业团队、关注传统香文化传承和推广的芳馥中华创业团队等。

(二)指导学生个性化发展

实施本科"创新人才"培养计划,坚持一对一精细化开展工作,加强对学生的个性化指导;根据学生特点,一对一联系家长形成家校教育合力;学生参与高水平竞赛时,一对一配备指导教师,全程精心辅导。坚持一对一指导学生,是培养本科生拔尖创新人才的一次有益尝试。

(三)双创教育融入人才培养全程

在实践中,我们根据学生所处不同年级的阶段特点,遵循"一年级培养意识打基础、二年级集中培训提能力、三年级重点组队练实战、四年级服务社会谋就业"的教育思路,运用"335"教育模式。针对一年级学生，重点开展普及性导学讲座，让学生入学第一时间接触到创新思维，形成创新意识；针对二年级学生，重点开展专业性导学讲座和课外研习小组活动，着力提升学生实践创新能力的基本素养；针对三四年级学生，重点依托三类基础平台，举办创新创业竞赛和创新创业实践训练营，鼓励有能力的学生参加高水平创新创业竞赛和实践活动，促进学生实践创新能力的最终形成。

（四）将双创教育与学生服务社会紧密结合

着力培养学生关切社会现实、社会公益的情怀与担当，进行"双创思政"的探索与尝试，期望在创新创业的生动实践中放飞青春梦想，产生了一系列较有影响的学生公益文创项目，如关爱自闭症儿童的爱芽团队、关爱留守儿童的熠烛团队。

（五）探索"课程双创"，培养学生国际视野

将学生的创新能力培养目标定位为"培养具有国际视野的创新创业人才"，探索"课程双创"，挖掘每一门课程的创新创业元素，同时融入双创教育元素。如对外汉语教学课堂，引导学生进行"对外汉语教学法和教学理论"创新；如汉外语言对比研究课堂，鼓励学生进行中外经典文学作品的翻译；如中华才艺课堂，鼓励学生以创业项目的方式来传承推广中华优秀传统文化。同时，积极推荐选送学生参加创新创业海外研修，已先后有 9 名学生赴海外名校参加创新创业研修。

第三章

高校中文专业双创教育普及型通识课程建设研究

课程是人才培养的核心要素。文科课堂是"新文科教育"的建设主阵地。课堂是一种体现知识、时空、人、资源等各个要素及其关系的教育活动机制。在知识、思想、技术快速流变的新时代,新文科课堂越发需要体现出一种开放、融合、变通的新理念、新特点和新机制,上述所有的"新"本质上都指向突破边界、走向"新的生成"。[①]本章主要聚焦中文专业创新创业系列课程中的普及型通识课程教学改革研究,通过全国高校创业金课"创新创业导论"、校级教学改革示范课"大学生创业教育"和"大学生职业发展规划与就业指导"三门典型课程的教学改革,探讨新文科视域下创新创业普及型通识课课堂教学的改革。

第一节　三融合理念下创新创业系列课程"赛课合一"教育模式研究

通识型双创普及课程定位是面向全体学生,课程的主要目标为双创启蒙教育,旨在重点启迪学生的创新意识和创业精神,培养学生自主探究的学习能力和应用能力。这一节主要阐释创新创业系列课程教学改革的背景、意义、主要目标和改革探索,在坚持双创教育三融合理念的前提下,通过创新创业课程教学标准、教学内容、教学设计和教学评价的综合改革,构建创新创业课程"赛课合一"模式;以课程为核心推进双创教育,建设双创金课,

---

① 吕林海. 中国大学"新文科教育"建设:价值蕴意、核心内涵与实践路径[J]. 大学教育科学,2021(5):49-59.

培养深怀家国热爱，有较强创新创业意识和能力的复合型人才。

一、构建"赛课合一"教育模式背景和意义

2010年，教育部《关于大力推进高等学校创新创业教育和大学生自主创业工作的意见》[①]要求"加强创新创业教育课程体系建设。把创新创业教育有效纳入专业教育和文化素质教育教学计划和学分体系，建立多层次、立体化的创新创业教育课程体系"。

2015年，国务院办公厅下发的《关于深化高等学校创新创业教育改革的实施意见》[②]指出："深化高等学校创新创业教育改革，是推进高等教育综合改革的重要举措。"

2017年，教育部在"国创计划十周年"庆典上提出"双创思政，实践育人"，即坚持以学生全面发展为中心，通过专业教育、创新创业教育与思想政治教育的协调推进，努力造就理想信念坚定、专业知识扎实、具有创新创业能力、德才兼备的有为人才。

2018年10月，教育部指出要切实发挥中国"互联网+"大学生创新创业大赛的关键载体和带动引领作用，深入推进"五个结合"，着力打造"德智体美劳"五育平台，推动创新创业教育与德智体美劳五育融合。

2018年10月，教育部印发《关于加快建设高水平本科教育全

---

① 教育部关于大力推进高等学校创新创业教育和大学生自主创业工作的意见[EB/OL].（2010-05-13）[2010-05-04]. http://www.moe.gov.cn/srcsite/A08/s5672/201005/t20100513_120174.html.
② 国务院办公厅关于深化高等学校创新创业教育改革的实施意见[EB/OL].（2010-05-13）[2015-05-04]. https://www.gov.cn/zhengce/content/2015-05/13/content_9740.htm.

面提高人才培养能力的意见》[①]，第 14 条指出深化创新创业教育改革，把深化高校创新创业教育改革作为推进高等教育综合改革的突破口，面向全体、分类施教、结合专业、强化实践，促进学生全面发展；发挥"互联网+"大赛引领推动作用，提升创新创业教育水平。

2018 年 11 月，教育部高教司在"建设中国金课"的报告中提出建设五大"金课"目标，其中之一为社会实践"金课"。社会实践金课的内涵一是有温度的国情思政金课，即"青年红色筑梦之旅"；二是有激情的创新创业"金课"，即中国"互联网+"大学生创新创业大赛。

当前，创新创业教育已成为高校深化教育改革的重点，高校须担负起创新创业人才的培养任务，这一理念已成为基本共识，而如何充分发挥课堂教学这一主阵地作用，探索课堂教学方法的变革，推进一流课程建设，培养创新创业人才，推进双创教育是目前亟须突破的难点。

正是在这一背景下，在三融合理念下，坚持以学生发展为中心，拟以我校中文专业创新创业系列课程建设为重点，着力探索系列课程的"赛课合一"模式，以提高创新创业教育质量。

二、三融合理念下创新创业课程"赛课合一"教育模式概述

具体而言，三融合理念包括：一是创新创业深度融入思想政

---

① 关于加快建设高水平本科教育全面提高人才培养能力的意见[EB/OL].（2018-10-08）[2018-09-17]. http://www.moe.gov.cn/srcsite/A08/s7056/201810/t20181017_351887.html.

治教育元素，与学生服务社会的实践相结合，推进课程思政改革；二是创新创业教育与德智体美劳五育融合，实现全平台、全过程育人；三是创新创业教育与中国实践金课"中国国际'互联网+'大学生创新创业大赛"深度融合。"赛课合一"模式即以创新创业系列课程为基础，将创新创业系列课程与中国国际"互联网+"大学生创新创业大赛有机融合，把赛事变为一门课程，具体来说，是指在课程内容中融入互联网+大赛内容，在课程设计中突出竞赛的竞争和实战，在课程评价中以大赛为检验教学效果的手段和成果窗口，让学生在课堂教学、课外实践和高水平竞赛中全面提升创新创业能力。创新创业系列课程包括双创普及课"创新创业导论""大学生创业教育""新文科专创融合训练与实践"，双创实训课"CDIO 理念下创新创业训练"，双创竞赛实战课"互联网+创新创业项目训练与实践"以及生涯规划通识课"大学生职业发展规划与就业指导"。

三、创新创业课程教学中存在的实际问题

随着高校创新创业教育深化改革，作为创新创业教育关键要素的创新创业类课程的建设也取得了明显进展。但创新创业类课程作为必修课程进入高校人才培养方案相对时间不长，在实际的教育教学中仍然存在不少短板和薄弱环节。笔者结合教学经验和调查研究，发现创新创业类课程教学中存在以下问题：第一，部分课程教学目标和教学理念不够明确，课程定位不准。设定课程目标时，究竟是作为通识类课程进行狭义的双创教育启蒙即创办商业意识的培养，还是作为专创融合型课程进行广义双创教育启

蒙的培养，存在一定的模糊性和不明确。第二，部分课程教学内容相对陈旧，课程内容高阶性和挑战度不足，难以适应时代的发展，难以达成双创教育的培养目标。第三，课程教学方法相对单一，新方法新模式运用不够，难以激发学生学习热情。第四，课程实践性特征不明显，缺乏有效的实践教学模式和课后指导组织方式，难以培养学生的高阶能力。第五，课程考核评价模式相对单一，未形成与创新创业实践型课程高度契合的评价方式。

由此可见，创新创业类课程在教学目标、教学内容、教学模式、实践教学及指导、课程考核评价等方面需要进行教学改革和教学创新。故此，在之后的系列课程的教学改革研究中也主要围绕这几方面展开讨论和阐释。

四、三融合理念下创新创业课程"赛课合一"教育模式探索与实践

（一）建设三融合理念下的创新创业系列课程"赛课合一"课程教学标准

以教育部金课"高阶性、创新性、挑战度"标准为纲，深入挖掘创新创业课程的思政内涵，确立价值塑造、能力培养、知识传授三位一体的课程建设总目标，突出课程育人的价值引领。同时，结合创新创业教育与"德智体美劳"五融合的新导向和"互联网+"大赛对于人才培养的新要求，综合研究确立创新创业课程教学新标准，科学编制教学新大纲。

(二)研究三融合理念下的创新创业系列课程"赛课合一"课程教学内容

课程组以广义的创新创业教育理念推进课程建设,即认为高校创新创业教育以学生发展为中心,侧重于启迪学生的创新意识、创新思维和创业者精神,培养学生基于专业发现问题、研究问题和解决问题的能力。创新创业教育塑造学生思维,熏陶学生品格和精神,培养学生开创未来的能力,是面向未来的教育。基于这一出发点,在创新创业教育系列课程中,我们研究有机融入以下五方面内容,构建三融合理念下"赛课合一"的创新创业教育课程内容体系。第一,深度融入德育元素。充分发挥创新创业课程的德育功能,运用德育的学科思维,深度挖掘课程中蕴含的民族精神、家国情怀、中华优秀传统文化、社会主义核心价值观等德育元素。第二,深度融入专业教育内容。着力引导学生与专业结合开展创新创业训练,培养基于专业的创新思维和创新能力。第三,深度融入体育、美育、劳育内容。实现全平台、全过程育人。第四,深度全面融入"互联网+"大赛竞赛内容,实现教学内容的"赛课合一",打造具有挑战性的双创金课。第五,深度融入教师科研项目,实现创新创业教育与教师科研融合发展,为孵化高质量双创成果打下基础。

(三)优化三融合理念下创新创业系列课程"赛课合一"教学设计

按照一流课程的建设标准,结合创新创业系列课程实际特点和学情分析,精心探索相适应的教学设计。在创新创业普及课上,以启迪学生创新思维和创新意识为教学重点,采取翻转课堂、对分课堂等教学方法，让学生真正参与课堂，在实践中体验创新思维；在创新创业实训课上，以培养学生基于专业的创新创业能力为教学重点，采取项目式教学，布置具有一定难度和深度的小组任务，让学生在团队共同研究问题、解决问题的过程中提升能力；在专创融合课程中，以培养学生基于专业研究问题、解决问题的能力为教学重点，采取混合式教学模式，融现代教学技术与课堂教学，全面提升学生创新实践能力。

（四）推进三融合理念下创新创业系列课程"赛课合一"课程评价方式改革

对照"赛课合一"模式对学生能力培养的新要求和新目标，课程组探索创新创业系列课程评价方式的改革，总体突出过程考核，强调多元化的评价标准。在创新创业普及课和专创融合课的综合成绩评定中，提高学习过程成绩比重，进一步降低期末考试成绩所占比例；在期末考试中，探索非标准答案化考试改革，强化学生思维和能力的训练。在创新创业实训课，将实践教学内容和参加科创比赛成果作为综合评价的重要依据。探索课程评价机制改革，切实发挥评价机制对"赛课合一"教育模式改革的促进作用。

五、三融合理念下创新创业课程"赛课合一"模式的经验与创新

（一）推进创新创业教育与专业教育深度融合

目前创新创业教育仍然存在与专业教育相对"脱节"的实际情况，而只有与专业教育深度融合，创新创业教育才会有持久的

生命力与长效育人价值。为此,"赛课合一"模式坚持"专创融合"的理念推进创新创业教育,在创新创业系列课程的教学内容、实践训练和竞赛项目孵化中深度探索与中国语言文学类专业教育融合,着力引导学生基于专业进行双创训练,基于专业去创造价值。

(二)探索"塑魂与育才"相融合的创新创业教育"课程思政"改革

立德树人是高校的根本使命,创新创业教育的根本在于育人育才。在创新创业系列课程的教学改革中,课程组坚持思想政治教育与创新创业教育的深度融合,充分挖掘提炼课程的德育内涵,在教学中融入社会主义核心价值观、中华优秀传统文化、民族精神等德育元素,厚植学生家国情怀,筑牢学生理想信念,引领学生将创新创业梦想融入伟大的中国梦,实现"显性教育"与"隐性教育"的有机结合,实现塑魂与育才相融合。

(三)探索建立"赛课合一"教育模式

中国国际"互联网+"大学生创新创业大赛是高校创新创业教育成果集中展示的高水平学科竞赛,是大学生实现创新创业梦想的重要平台。大赛对于参赛学生的能力素质要求和高校创新创业教育的培养目标本身具有高度一致性,同时大赛又是高校创新创业教育对于学生素质能力的最高标准和最高要求。为此,探索将中国国际"互联网+"大学生创新创业大赛系统有机融入课程教学内容,构建科学的课堂教学内容体系,从课堂开始,孵化高水平双创项目,有助于厚植创新创业沃土,推进创新创业教育改革,培养创新型拔尖人才。

第二节　新文科理念下"创新创业导论"教学创新与实践

"创新创业导论"是四川外国语大学双创教育示范课程，课程为教育部全国高校就业创业金课（全国二十门之一）、重庆市首批课程思政示范课、重庆市一流课程、重庆市一流课程示范案例，教学团队为市级课程思政教学名师团队，教学团队负责人为重庆市课程思政教学名师、重庆市普通本科高校教学新星奖获得者。自 2017 年来，针对双创教育中存在的育人成效不够突显、与专业教育缺乏联系、实践教学模式相对单一等教学症结，教学团队在已有 7 年双创教育经验的基础上，以"专、思、创"融合的"寓德于课"模式"匠心"推进教学创新，教学案例获优秀课程思政案例市级特等奖和市级一流课程示范案例，教学成效获市内外专家较高评价。建设六年来，课程将深怀家国热爱致力创新创业内化为青年学子使命担当，以"导论"为核心的双创课程群直接培育 1700 多项学生文创项目，获国家级、省级奖 266 项（本课程直接培育获奖项目）。经十三载匠心砥砺，"导论"是省级教学成果二等奖核心支撑课程，助力学校汉语国际教育等 6 个国家级一流专业双创教育改革，是全国同类院校中特色鲜明、成果显著的双创金课典型范本。课程建设历程如图 3-1 所示。

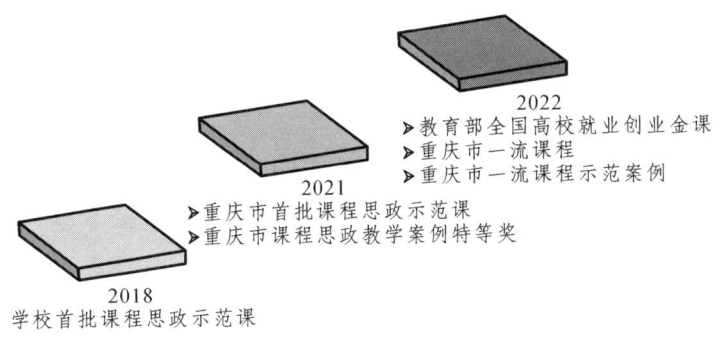

图 3-1　课程建设历程图

一、"创新创业导论"课程简介

（一）课程概况

"创新创业导论"（简称"导论"）是四川外国语大学双创教育示范课程、国家级一流专业建设重要支撑课程。课程为教育部全国高校就业创业金课、重庆市首批课程思政示范课、重庆市一流课程。教学团队为跨学科教学团队，来自中文、思想政治、教育学、工商管理、外语等 5 个学科，6 个国家级一流专业，2021 年获评重庆市课程思政教学名师团队；有重庆市学术技术带头人，有博士生导师 2 人、硕士生导师 6 人；有全国优秀社会科学普及专家、共青团重庆市委青年讲师团成员。课程以"寓德于课"模式深耕教学创新，教学案例获市级优秀课程思政案例特等奖，改革成效获市内外专家高度评价。

课程为本科生双创必修课，课程教学改革六年来，将深怀家国热爱致力创新创业内化为青年学子使命担当，以"导论"为核心的双创课程群直接培育 1700 多项学生文创项目，获三创赛全国特等奖（获奖比万分之三）、全国一等奖（获奖比万分之五）等对文科专业殊为不易的国家级、省级奖 266 项（占全校同类竞赛奖总数近 60%），其中国家级获奖 35 项，"互联网+"大赛省级奖 43 项。"导论"是省级教学成果（双创教育）二等奖核心支撑课程，助力学校汉语国际教育等 6 个国家级一流专业双创教育改革；课程团队应邀到校内外近 20 个二级学院推广课程育人经验，示范辐射面广。"导论"是全国同类外语院校中特色鲜明、成果显著的双创金课范本。

（二）课程特色

"导论"遵循学校国际化人才培养定位，提倡践行双创教育是基于新文科的"专业教育、思政教育与双创教育"三融合的"价值创造"教育理念。课程以省级一流学科"外语学科"和省级重点学科"中文学科"为支撑，以央地共建传统文化体验研究中心、省级人文社科普及基地为依托，从"厚植家国情怀，开阔国际视野、浸润人文底蕴和培养双创思维和实践能力"三位一体课程目标出发，突出传统文化浸润，融入跨学科思维，是一门将双创的课堂教育、竞赛体验和训练实践融合的特色课。课程尤其强调新文科建设的价值塑造、学科交融、学以致用，以"思想铸魂""实践育才""创新赋能"为鲜明特色。

思想铸魂：坚守"立德树人"根本，以"红色青春筑梦创新创业"为主题，将思想政治教育"寓"于全程。实践育才：围绕外语类专业培养所必备的核心素养和核心能力，对应构建高阶实践活动，重塑教学模式和教学组织。创新赋能：以广义双创教育为特色，以"师生共同体"促进学生高阶能力养成，提升学生基于专业的创新创造能力。

(三)课程目标及主要内容

"创新创业导论"课是高等院校通识必修课。本课程依据教育部创新创业课教学标准,在广义创新创业教育理念和专思创融合理念指导下,分为五部分教学内容,旨在通过课程学习,实现知识、能力和价值情感三位一体的课程教学目标。在知识上,使学生能清晰地认识创新创业的意义,启迪创新思维,掌握国际国内最新创新方法;在能力培养上,让学生在学习工作生活中能运用创新思维和创新方法解决问题,提升学生基于专业的创新实践能力的目标;在情感价值目标上,厚植学生家国情怀,将深怀家国热爱致力创新创业内化为青年学子的使命担当和坚定选择。课程主要内容、要求及学时分配如表 3-1 所示。

表 3-1 课程主要内容、要求及学时分配

序号	主要内容	基本要求	学时分配
1	绪论 知识要点: 广义创新创业概念;创业者精神(结合案例);创业者精神与大学生生涯发展;双创相关竞赛简介;专业+创新创业案例。 教学重点及难点: 1. 广义创业精神的理解,重点把握广义创业是指创事业创未来的能力;感知广义创业对学生自身生涯发展的启迪。		2 学时

续表

序号	主要内容	基本要求	学时分配
1	2. 创业者精神的理解，创业者精神的本质内涵；创业者精神重要的鲜明本色；创业者精神对个人成长的重要意义。 3. 大学生广义创业案例的阐释与解读	第一周至第四周为创新创业基本理论和方法板块	2学时
2	第一章 创新思维、能力和方法 知识要点： 掌握创新的概念、分类以及创新思维和创新能力的内涵；将创新方法运用到学习和生活中，不断提高创新的能力。 教学重点： 创新的概念、创新思维的内涵和特点、培养创新能力的方法。 教学难点： 学生创新能力的培养		2学时
3	第二章 大学生创新创业竞赛简介 知识要点： 高水平双创学科竞赛简介、参赛导向；参赛选题；团队组建；创业计划书调研；双创竞赛参赛材料；竞赛参赛流程简介；竞赛参赛案例展示。 教学重点： 1. 创业计划书调研； 2. 参赛材料。 教学难点： 参赛选题		2学时

续表

序号	主要内容	基本要求	学时分配
4	实践教学安排： 结合前三周所学内容查阅创新创业竞赛相关资料，组建参赛团队，选定参赛选题，搜集相关文献参考资料。 实践活动要求： 以小组为单位汇报实践情况	第五周至第十周为创新创业模拟训练和创业计划书写作板块	2学时
5	第三章 商业计划书制作基本理论（一） 知识要点： 创业计划书写作公司介绍章节、产品与服务章节。 教学重点： 1. 产品与服务的基本内容； 2. 产品与服务介绍的思路和方法； 3. 产品三层次理论及运用方法。 教学难点： 如何科学和系统地介绍产品与服务		2学时
6	第三章 商业计划书制作基本理论（二） 知识要点： 创业计划书写作行业与市场章节 教学重点： 1. 行业与市场调研； 2. SWOT分析法；		2学时

续表

序号	主要内容	基本要求	学时分配
6	3. 市场细分与目标市场 教学难点： 1. 如何与竞争对手进行比较分析； 2. 如何估算市场总需求和进行目标市场定位		2学时
7	第三章 商业计划书制作基本理论（三） 知识要点： 创业计划书营销计划章节 教学重点： 1. 掌握营销计划制订过程和基本内容； 2. 掌握市场调研计划制订和调查问卷制作方法。 教学难点： 1. 营销和销售的区别； 2. 设计市场调研流程		2学时
8	第三章 商业计划书制作基本理论（四） 知识要点： 专创融合型文创案例分析；双创高水平竞赛优秀文创项目解读 教学重点及难点： 结合专业进行文创项目选题		2学时

续表

序号	主要内容	基本要求	学时分配
9	第三章 商业计划书制作基本理论（五） 知识要点：创业计划书生产运营、公司管理、财务计划、风险控制与资本退出等章节写作 教学重点： 1. 创意阶段项目财务计划写作基本原则； 2. 创业计划书附录部分写作。 教学难点： 对于创意阶段项目如何写作生产运营、公司管理、财务计划等章节		2学时
10	实践教学安排： 结合所学，以小组或个人为单位完善项目选题，查阅资料，进行基础调研，形成文创项目摘要（1000字以上），准备小组汇报。 实践教学要求： 提交小组实践成果材料		2学时

续表

序号	主要内容	基本要求	学时分配
11	第四章 专业实践与创新创业（一） 专创融合： 语言学方向。 知识要点： 语言学方向前沿知识专题简介。 教学重点及难点： 启发学生基于专业发现问题的意识；指导学生结合专业研究实际问题，发现问题，进行科学研究或创业训练；培养专业精神和人文情怀	第十一周至第十二周为"专业+"创新创业板块	2学时
12	第四章 专业实践与创新创业（二） 专创融合： 文学方向。 知识要点： 文学方向前沿知识专题简介。 教学重点及难点： 启发学生基于专业发现问题意识；结合专业研究实际问题或设计文化创意类项目，进行创业模拟训练		2学时

续表

序号	主要内容	基本要求	学时分配
13	第五章 文创项目的演示与实践（一） 知识要点： 创业计划演示的总体概述；创业计划书演示的逻辑与演示PPT；文创项目的特点与演示技巧。 教学重点： 1. 掌握并学会依据三步骤原则设计创业计划演示过程； 2. 归纳并掌握吸引风险投资者的演示思路和方法； 3. 理解创业计划展示PPT设计原则。 教学难点： 投资者与创业者对商业计划的关注点有哪些差异	第十三周至第十五周为文创项目的演示与实践板块	2学时
14	第五章 文创项目的演示与实践（二） 知识要点： 创业计划演示过程的四大核心环节与常见问题；文创项目的价值和情怀。 教学重点： 1. 掌握创业计划演示过程中需要把握的要点；		2学时

续表

序号	主要内容	基本要求	学时分配
14	2. 了解创业计划演示四大核心环节基本内容； 3. 掌握如何演绎文创项目的价值和情怀。 教学难点： 学习并掌握编撰商业故事的技巧和方法；文创项目价值和情怀的挖掘提炼		
15	第五章 传统文化与创新创业路演（三） 知识要点： 文创类项目模拟演示。 课堂安排： 分小组展示传统文化类（与本专业结合）的创业计划。 教学重点及难点： 结合学生展示，通过精准点评提升学生对创业计划演示的理解；将文创项目路演知识转化为实际运用能力；将个人的创业梦想赋予创业项目价值和情怀	第十六周为创新创业科创竞赛实践教学	2学时
16	实践教学： 创新创业竞赛、大学生创新创业训练计划、本科生科研计划申报参赛准备、创业计划路演答辩演练与诊断		2学时

由表 3-1 可见，课程主要内容分为 16 讲，包括五部分教学专题：创新创业基本理论和方法、创新创业模拟训练和创业计划书写作、"专业+"双创训练与实践、文创项目的演示与实践、创新创业科创竞赛实践。在课程内容设置上重视学生价值素养的培养，强调中文专业与创新创业教育相融合，突出创新创业模拟训练与实践。

二、"创新创业导论"教学分析及教学改革实践

（一）课程"痛点"问题

1. 育人成效不够突显

传统双创课程教学中教师注重知识传授和能力培养，对学生的价值观引导不深入，课程育人效果不明显。如何围绕外国语大学中文类专业的育人特色，深度挖掘双创课程中蕴含的思政元素，深刻寓价值观引导于双创的知识传授和能力培养之中，实现课程与思政教育的有机融合，突出双创课程的育人本质，是双创类课程亟待解决的症结之一。

2. 与专业教育缺乏联系

本课程主要面向中国语言文学类本科学生开设。学生的专业基础和认知能力参差不齐，中文类的不同专业对创新思维和创新能力需求各有侧重。通识基础课应该适应不同层次学生的个性化需求，体现学校学科优势和专业特色。如何实现通识基础课与专业课的交叉融合，推进双创教育与中文专业教育的深度融合，同时将课程教学与现代教学技术接轨，体现金课的"两性一度"要求，是双创类课程亟待回应的热点问题。

3. 实践教学模式相对单一

双创课程作为实践类通识课程，若仅仅围绕理论讲解与知识传授，就不能激发学生的学习热情，无法真正提升学生实践能力，学习学习获得感不强。但文科类双创课程现有的实践教学模式相对单一，如何在现有的教学资源下创新实践教学，引导学生关注身边的实际问题，关心社会热点现象，在研究和解决问题的过程中提升创新能力，检验学习成效，增强学习获得感，是双创课程教学需要破解的实践难题。

(二) 教学改革实践

回应双创课程教学三方面主要症结，"导论"结合学校学科优势和专业特点，确立价值塑造、能力培养、知识传授三位一体课程建设目标。创立三融合理念下"寓德于课""六位一体"教学模式，经六载实践，砥砺求索文科院校双创教育铸魂育才路径。

"三融合"理念指课程改革创新的指导理念，具体内涵如下：

一是"思创融合"，突出双创课程育人本质。德育元素融入润物无声，提升课程温度。重点将爱国主义为核心的民族精神、党史学习教育、中华优秀传统文化深度融于课堂。

二是"专创融合"，加强与专业教育的深度融合。挖掘专业教育中双创元素，提升课程深度。专业前沿、外语特色和国际创新创业方法融入。

三是"赛创融合"，突破课程实践难题，增强学生学习效果的检验和学习获得感。构建"课-赛-研-创"合一的实践教学新范式，提升课程难度，检验课堂学习效果。深度融入中国国际"互联网+"大学生创新创业大赛内容，将课程、大赛、科研和创新实践融为一体。

"六位一体"教学模式指"导论"课程改革举措：在教学标准、教学内容、教学方法与实施、实践教学、考核评价和教师言传身教六个核心教学环节实现寓德于课，引导学生以外语优势和专业所学参与双创，弘扬和传播中华优秀传统文化，以持之以恒的拼搏实现创意、到双创项目、到人生梦想的成长，为中华民族的伟大复兴贡献青春热血。课程教学模式如图3-2所示。

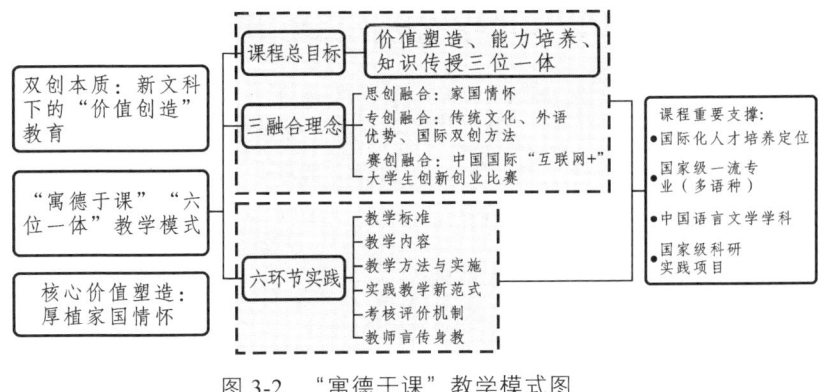

图 3-2 "寓德于课"教学模式图

1. 重塑"专思创"融合的课程教学标准

以《高等学校课程思政建设指导纲要》、一流课程标准和双创课程教学标准为纲，深入挖掘课程自身的思想政治教育内涵，将价值塑造、能力培养、知识传授三位一体的课程目标熔于一炉。建立具有思政元素、专业素养深度融入的"导论"教学标准，编制教学新大纲，制定课程考核评价新标准。

2. 重构"专思创"融合的"主题式"教学内容

首先，以三融合理念重构教学内容。第一，深度融入思想政治教育元素。深度提炼课程蕴含的民族精神、社会主义核心价值观、中华优秀传统文化等元素，力争使德育元素融入恰如其分。第二，深度融入专业教育、外语优势、国际双创方法等内容。突出课程国际视野。第三，与"互联网+"大赛融合，引导学生参与双创实践。其次，建立课程主题式教学模块，包括双创理论和方法、双创模拟训练和创业计划书写作、"中文专业+"双创训练与实践、文创项目的演示与实践、"中文专业+"科创竞赛训练与实践等五部分，突出实践教学比重。

3. 探索融现代技术的"小班化-探究式-小组合作式"教学模式和教学方法

坚持以学为中心，小班化组织课堂，每班人数在30人以内。采用学习通等智慧工具，深度运用探究式的"小组合作学习"法。引入国家级线上一流课程和省级一流课程作为自主学习资源，探索混合式教学改革，切实增强教学感染力，让学生在亲身参与中培养"敢闯会创"能力。

4. 创立"课-赛-研-创"合一的实践教学新范式

以"课程实践化，实践课程化"的理念，将"互联网+"大赛、挑战杯竞赛、大创训练计划等高水平竞赛内容有机融入实践教学，建立"课-赛-研-创"实践教学范式。组织"重庆地名大会""汉语角""中外传统文化月"等市内有一定美誉度的高阶实践活动，激发学生参与热情，孵化高水平成果。同时，常态化邀请市内外知名专家、业界导师开展实践研讨课，拓宽学生视野，启迪跨学科思维。

5. 构建"三维四化"考核评价体系，以评促学

建立知识、能力与德育考核并重的"三维四化"全过程考核

评价体系,以评促学。"三维"包括构建多目标:价值塑造、知识传授、能力培养三者深度融合的考核目标;多方式:定量与定性相结合,形成性与结果性相结合的评价方式;多主体:学生自评、小组互评、教师评价、专家评价的多维评价主体。"四化"包括考核过程全程化、考核内容实践化、考核形式多样化、考核标准德育导向化。

6. 以教师高尚师德、无私奉献的砥砺实践铸魂育人

在课堂教学、课后辅导、竞赛指导等全过程教学环节,教师无私奉献,身体力行实践"课程思政"。坚持关爱每一名学生,一对一全心指导,温润每一名学子的双创成长路。如笔者作为"创新创业导论"课程负责人,十三载如一日,始终坚守在双创指导第一线,推进双创教育平台建设,引导学生深怀家国梦想在创新创业的实践中磨砺成才,培养具有家国情怀的青年创新创业者。十三年来,笔者无私深耕学生社会实践和假期竞赛辅导,以千里家访、本科生组会、四年师生学习共同体等方式关爱学子,十三载累计一对一辅导学生学业、竞赛1.2万人次,累计辅导用时超过1万小时,指导学生获国家级、省级竞赛奖超过420项,其中中国国际"互联网+"大赛、挑战杯、创青春、三创赛等高水平创新创业类省级(以上)奖励近300项("互联网+"大赛省级奖43项),10多次创学校乃至同类外语院校最高获奖纪录。

三、"创新创业导论"教学改革经验与成效

(一)教学改革经验

(1)课程理念创新:将新文科理念下"专思创"融合作为课

程顶层设计，探索践行厚植家国情怀、润物无声的外语院校双创金课路径。

（2）师资建设创新：建成文理交融、校内外融合的"虚拟教研室"。校外：每学期常态化、制度化邀请8~10位高校专家、业界导师深度参与课程实践教学，产教协同育人；校内：建立跨院系、多学科授课团队；朋辈导师参与双创传习。

（3）实践教学范式创新：创立"课-赛-研-创"合一模式。首倡文科广义双创教育，将教师科研项目、学科竞赛体系纳入实践教学，突破文科双创教育固有范式，拓展实践教学的广度和深度。

（4）铸魂育才的双创金课范本。以"寓德于课"模式率先践行新文科视域有灵魂、有使命的双创教育。强调双创教育的价值性、思想性、超越性、使命性和灵魂性，以"情浸式"社会实践推进课程思政，将"中华魂""红色筑梦"等经验主题活动融入教学，厚植家国情怀。

（5）师爱育人的初心砥砺。坚持"小班化-探究性"教学，坚持对学生一对一精细化指导；建立"见习、学习、研习和传习"四年一贯的"师生学习共同体"，大学学业生涯四年不间断关注每名学生的创新创业实践，全心指导每名学生学业发展。

（二）铸魂育才突出成效

"导论""寓德于课"模式和育人成效获市内外专家较高评价，笔者作为课程负责人，两度入围重庆市高校双创教育明星评选，获重庆本科高校教学新星奖（全市共评选五名教师）。十三载初心如磐，忘我奉献，砥砺推进双创教育的事迹获市教委专家组高度赞誉。

"导论"评教分数高，雄踞全校通识课前5%，全校同类课程第一，每学期均有学生自发到课旁听，学生普遍反馈"导论"是有情、有义、有深度的课。课程团队受邀到校外兄弟院校和校内英语学院、新闻传播学院、东语学院等近20个教学单位交流双创经验，多名青年教师参与双创教育。

具体而言，课程在铸教、育人、铸魂方面成效突出。

（1）首先，建设了高水平专思创融合型教学示范团队，形成双创示范课程群课程团队获市级首批课程思政教学团队；建成"语言与文化""CDIO理念下创新创业训练"等7门双创通识课和专创融合课，其中省级一流课程、省级课程思政示范课5门。团队获省级、校级教学成果奖4项，主持省级重大、重点教学改革项目（双创教育）6项，获优秀指导教师奖四十余项。

（2）以"师生学习共同体"模式，精细化指导学生，培育高水平学业成果。近六年，课程直接孵化的学生项目获国家级、省级竞赛奖266项，学生获双创奖学金和双创研修资助150余个团队，获省级创新能力先进个人近30人，优异的学业成果助学生实现更高质量考学、就业。

（3）助力专业美誉度提升，为学校争得荣誉。课程的266项双创获奖成果成为学校本科教学评估和一流专业建设的重要支撑。近十年的"互联网+"大赛、挑战杯等竞赛中，每年全校参赛团队总数25%（平均）、国家级获奖项目总数的近90%、省级获奖项目总数近60%均来自课程笔者所指导项目；在省级双创决赛，笔者近10次获奖项目数居全市第一。近三年，教学团队主讲、组织30多场讲座，所指导双创参赛学生来自全校各院系和校外多所高校，受益面广。2019年和2020年连续两年在中国高等教育学会发布的全国高校学科竞赛榜纳入评价的川外学生国家级重要获奖中，仅笔者一人所指导的获奖数就独占全校总数的近 1/4。

（4）最为重要的是课程坚持立德树人，赓续红色血脉。"导论"将中华魂厚植于学子血脉，将中华文化浸润于学子骨髓，将专业素养熔铸于每名学子个性化成长和终身发展。课程培养的优秀毕业生在中外人文交流、中华文化传承、国际防疫抗疫等报效家国的伟大事业中砥砺奋进。

四、"创新创业导论"未来建设计划

未来，在十三载双创教育基础上，课程组将坚持以"思想铸魂、实践育才、创新赋能"持续推进教学创新，将课程建设为有温度、有深度、有挑战度的国家级金课范本。

（一）坚持科研学术引领课程建设

将学术前沿有机融入教学，提升课程高阶性，注重理论教学与科研实践结合；持续创新教学模式，革新课程考核评价机制。

（二）探索新文科视域"文理融通"的协同育人

推进校内外多学科协同育人的教学团队建设；推进人文学科与人工智能等理工类学科融通，启迪学生"文理融通"的创新意识和科学精神。

（三）优化课程在线资源和实践育人资源

强化课程在线资源建设，推进深度融合国家级一流线上课程资源的混合式教学改革；出版学生双创项目典型案例库，出版混合式教材和双创育人案例集。

（四）持续改进教学方法与模式

深度融现代教学技术于小组合作学习；以多种形式的"情浸式"实践教学，让学生于身临其境中升华思想，增长才干。

（五）高阶社会实践支撑强课

持续建设"地名大会"等市内有美誉度的学生实践精品活动；培育"互联网+"大赛高水平文创项目，探索文科专业双创教育典型经验。

（六）突出双创国际化特色

引入国际双创教育经验，探索课程双语教学；培育有国际特色、示范效应的双创项目，以国际化特色文创项目传播和弘扬中华优秀传统文化。

五、"创新创业导论"教学案例分析

（一）《创业精神与人生发展》教学案例

1. 课程章节信息

教材及章节信息	课程参考教材为《创业管理》，张玉利等主编，机械工业出版社2017年5月出版。本节教学内容为第十六讲第二课时教学内容，课程第二章"创业、创业精神及人生发展"第二课时《创业精神与人生发展》教学案例

续表

学情分析	教学对象：本课程为双创普及课，授课对象为中文学院大一学生。 学习特点：授课对象为大一学生，具备以下特点：学习热情高，课堂积极性高，对创新创业充满了探索热情；正在学习专业基础课，专业素养正在养成；"00"后大学生思维活跃，兴趣爱好广泛。故此，课程中融入所学专业教学的内容需要考虑难度和深度；融入中华优秀传统文化精神、广义创业者精神应力争做好情感铺垫，自然而然，水到渠成
教学场所及教具	教学场所选择学校传统文化体验与研究中心。教具为传统书信纸

2. 课程思政设计思路

设计理念	塑魂与育才相融合的"寓德于课"模式。 教学目标的三位一体。确立价值塑造、知识和能力培养三位一体，深度寓价值观塑造于知识传授和能力培养。本讲价值塑造目标重在厚植学生家国情怀。 教学内容的"三融合"。基于对双创教育的最新认知，双创教育是广义的价值创造教育，在内容上实现"专思创"三融合。陶行知、天一阁的案例体现与思想政治教育、专业教育深度融合。"95后"抗疫楷模甘如意的事迹，重在鼓励学生深怀家国热爱，去开创事业、开创志业，成为自己人生的创业者
教学方法	"以学为中心"，"浸润式-体验式"教学法

3. 课程教学目标

知识目标	（1）理解广义"创业"和"创业精神"概念。 （2）了解广义"创业"和"创业精神"的关系
能力目标	（1）培养学生将广义创业者精神转化到自己实际生活中，指导学习实践。 （2）深刻理解广义创业和创业精神，指导自己的生涯规划
价值塑造目标	（1）用相关典型人物的创业者精神来潜移默化影响学生，让其认同创业精神，自觉培育和提升创新创业意识和能力。 （2）将家国情怀、民族精神、爱国主义精神深度融入创新创业教育，引导学生将个人梦想融入民族复兴的伟大中国梦。 （3）通过情浸式案例感染学生，让爱国、担当、奉献、创新成为学子鲜明精神底色，让深怀家国热爱致力创新创业成为青年学子的使命担当和坚定选择

4. 教学重难点及组织实施

教学内容	第一，创业精神的本质；第二，创业精神的培育；第三，创业精神的意义和价值
教学重点	第一，创业精神是什么；第二，通过案例深刻理解广义创业精神；第三，如何培养自己的创业精神，成为自己人生的"创业者"
教学难点	创业精神是能否创业、能否创业成功的关键因素。创业精神还有着鲜明时代特征。如何使学习者认同创业精神的重要性、增强自己作为当代大学生历史使命感是本节的教学难点

续表

教学方法	课堂讲授法;案例教学法;探究式学习;浸润式情感教学;工作坊主题式学习。采用学习通等智慧教学工具,融现代教学技术于教学
课程组织及实施	第一,"教与学"的多维创新:通过小组讨论、小组展演小剧场、传统书信表达等形式进行教与学的内容和形式的创新。 第二,教学内容的革新与重塑:将课程思政内容与创新创业相关知识、中文专业与比赛融合,极大地增强学生的学习兴趣和积极性。 第三,多种教学手段的并用:坚持"讨论式教学法""课堂展演"等教学手段,使用学习通辅助教学,提升学生的课堂参与度,增强学生对本门课程的学习获得感
教学效果	学生深刻理解"家国情怀"是创新创业最重要的精神内核,并将其转化为具体的实际行动,深怀家国热爱积极参与创新创业,实现知行合一
教学特色	教学方法:通过让学生以传统纸笔写信、布置课后小组准备情景剧。以情景体验式教学来实现创业者精神注入教学过程,实现课程思政的有效传达。 考评机制:手写书信、演情景剧纳入课堂评分;教师坚持以学生为本的教学理念,在教学中充分体现学生的中心、主体地位。 全程育人:教师课后一对一辅导学生课程学习、一对一针对性指导等工作,浸润式教学生动实践课程思政

5. 教学流程安排

以"小班化-探究性-情浸实践式"教学方法，通过12个教学步骤实现"寓德于课"。

（1）"情浸式"案例（导入）。

讲述青年学子创新创业案例：湖南工业大学"绣色十八洞团队"帮助非物质文化遗产"苗绣"走出大山，助力脱贫攻坚的故事，引发学生对创业精神的关注与思考。

分析：用同龄学子助力脱贫攻坚的双创案例导入课程，启发学生初步感知双创教育塑造灵魂的本质，家国情怀是最鲜明的精神底色。

（2）小组合作学习。

请同学们在"学习通"写下3~5个关键词，谈对创业精神的理解，并以小组的形式探讨，找出小组在"学习通"写下的共同关键词。

分析：让学生从狭义创办企业一步一步认识广义创业，认知国际提倡的双创教育是"价值创造"教育。利用好"学习通"的相关功能，融现代教学技术于课堂。

（3）案例教学：万世师表的"创业"教育家。

播放熊浩演讲《万世师表》片段（1分40秒），讲述教育家陶行知的故事。升华案例主题：作为教育者，行知先生始终坚守自己的教育理想，求索前行，他是自己人生理想最坚定的"创业者"，他是最具家国情怀的教育创业家，他是真正的人民教育家、真正的万世师表。

分析：熊浩老师的演讲情真意切，能够很好地感染学生，实现润物无声。

（4）"情浸式"体验活动。

紧承案例：假如你可以见到陶行知先生，对于这位"创业教育家"。你想说些什么？请用传统书信纸写下最想对行知先生说的一段话。

分析：紧承前续情感铺垫，采用传统纸笔来进行书写，让学生"身临"行知先生的时代，感受强烈而真切的教育情怀和为师理想。行知先生的故事和中文专业学生的未来就业方向关联度高，可以启发学生追寻更为高远的职业理想，深刻理解"捧着一颗心来，不带半根草去"的师者理想。

（5）案例教学："天一阁"四百年藏书传奇。

讲述范氏家族四百年风雨守护书香文脉的故事。

分析：宁波天一阁为中文专业学生心之向往的书香圣地，在专业领域具极高象征意义，故以范氏家族400多年的坚守成为文化史的奇迹，深刻诠释广义创业精神的深刻内涵。同时，天一阁古籍修复技艺是国家级非遗技艺，启发学生结合专业关注古籍修复，以相关选题参加科研计划，或作为今后考学方向，珍视传承守护中华文脉。

（6）案例教学：启发式提问兼讲述"95后"抗疫楷模甘如意的故事。

过渡引入：

我们深深感佩创业教育家、藏书世家坚守与传承的精神。这样的精神是否离平凡普通的我们，还是在校大学生的我们很遥远？或许这样的信念与传承，"她"并不遥远，"她"就在我们身边……讲述"95后"甘如意的抗疫事迹，突出甘如意甘于担当、甘于奉献的赤诚信念。

（7）知识小结。

我们所理解的创业精神是开创事业、开创志业、开创未来所需要的精神和能力。这样的能力是每位同学都需要的。因为我们每个人一直都在"创作"我们的人生故事，也都需要去创造自己的未来。所以创业教育的核心指向在于培养开创未来的成长力，帮助我们遇到更好的自己。

分析："95后"甘如意和学生年龄相近，是邻家普通人，同时又是抗疫楷模。她的事迹更能感染和影响到每一名学生。同时启迪学生真切理解，每个人都是自己人生的创业者，都需要用创业者的精神开创自己的人生。

（8）课程升华。

引用习近平总书记的讲话勉励同学们深怀家国热爱，将人生梦想自觉融入伟大的中国梦，为理想不懈努力。

习近平总书记在党的十九大报告中指出："我们生活的世界充满希望，也充满挑战。我们不能因现实复杂而放弃梦想，不能因理想遥远而放弃追求。"同学们深怀梦想创事业、创未来、创志业、创伟业也应不怕现实艰难，秉持初心，砥砺意志，执着前行。

分析：以习近平总书记的重要论述升华每堂课的学习内容，勉励同学们为自己的人生理想，为中华民族伟大复兴的中国梦不懈努力。

（9）课程回顾：广义创业精神特征及灵魂。

广义创新创业精神，是我们每个人深植心中的家国情怀，是开创事业、开创未来所必需的精神品质。

（10）作业布置。

在"学习通"写下对"创业精神"的最新理解；从课上三个主题案例任选一个，以小组为单位排练情景短剧，于实践教学周展示。

分析：作业育人，通过学生在课后自主阅读资料，设计剧本，体验演绎，真切感受深怀家国热爱的创业者精神。

（11）课后答疑。

课后仔细批改"致行知先生的一段话"和学习通作业，一对一详细（每生400~600字）反馈作业情况，突出个性化、精细化指导和对学生的人文浸润与关怀。

以下为回复一位学生的作业评语：

××同学：

你好，两份作业收到！两份作业都很优秀，是所有答卷中最独特的！特别是我从作业中读出了很有价值、很有意义的思考与探索，这尤为可贵！第一题致陶行知先生的一封信，字里行间写出了对先生最深的敬佩，一字一句皆有温度，升华了自己作为中文人今后致力于教书育人的理想。整篇文字文笔流畅，表达恰如其分，极富真情实感，感人至深！第二题的提问更是将我们的课程意见搜集提升了一个层次。你的思考很有价值，你的思考也一直是我们共同的关心和关注：作为纯文科专业的学生，学生创新创业的意义何在，价值几何。创新创业作为必修课进入课堂是在2016年，而作为中文系的公共必修课今年是第一年。自全国高校开设必修课以来，你所说的几个问题也一直是争议研究的焦点，截至目前也没有完全统一的定论，不同类型的高校关于开设课程的理念都有所不同。而我个人比较认同的是"结合专业所学创事业,创未来,创人生"这一理念,也是广义的创新创业概念。这一理念也体现在了我们的课堂安排中,虽然我们最终落地在了鼓励大家结合所学专业去做科研、参加专业相关社会实践、参加高水平双创竞赛这一具体的要求上,也许并不是最为契合的,但我想,贯穿其中的"实践"和"成长"这一核心主张,大家是可以体会到的。很多我们身边的优秀学姐学长确实在创新创业竞赛中夯实了专业基础,锻炼了实践能力,实现了成长成才,有了最为理想的毕业去向!所以希望你们在双创的课堂上可以比他们当年收获得更多。匆匆就笔,言不尽意,以后可以再多交流。希望在本学期的课堂学有所获。

王老师

分析:课后倾注大量时间答疑指导为"小班化-探究性-情感浸润式"教学方法的特色做法,以教师团队执着而长期的坚持,无私奉献升华育人效果。通过课后无私辅导,因材施教,拓展课程的长度、深度和温度,打造有情有义的教与学。

(12)课后拓展学习资料推荐。

第一,慕课章节;第二,阅读书目;第三,课程主题相关的广义创业精神案例、古籍修复论文、抗疫故事等10~15篇推文(附教师精要点评)。

分析:坚持每天给学生分享课程学习资源,升华课程所学,让课程主题真正入脑入心,春风化雨,润物无声。

(二)"创新创业导论"情感教学实例

在"创新创业导论"课程中,笔者所在课程组始终坚持"情感教学理念""以情优教",充分重视教学中的情感因素,以完善教学目标，促进学生情感价值素养的提升。在教学实践中，课程组教师高度重视开学第一课和结课时的课程教学环节。比如2020年初春开学，因为疫情的缘故推迟线下开学，在开学第一课的前一天我们以一封信开启了学期的线上教学：

写给在家开学的你们

亲爱的同学们：

  展信安。

  在去年岁末申请开设"创新创业导论"课的时候，本盼望着两个月后的今天和你们如约第一次相遇课堂，和你们共同开启导论课结合专业的"谋事业、创未来"的实践之旅。只是奈何事与愿违，网络成为这个课堂之约的媒介。虽然备感遗憾，但我想，多年后再回首，这也是一份属于这门课程、我们共有的难得的成长记忆。

  悠悠时光流转，与大家因课程相识其实已两月有余，从开课讲座算起，从建立课程群开始，能和你们相识在你们最美好的青春时光，我很荣幸，也更珍惜。两个月以来，有一个核心的问题一直让我们在不断思考，日夜难寐，我们这门课究竟可以带给大家什么样的收获。正是这种思考的"鞭策"，这门课有了小班教学，有了亲密无间的授课团队，有了专题授课的"四个模块"（和咱们专业血脉相连），有了申请智慧教室的尝试，有了提前两个多月建的课程群，有了十二月的开课讲座，有了一下子记在心间的你们所有人的名字，也有了寒假一对一的"叨扰"……所有的这一切都是希望这门课能够带给你们的不局限于这门课本身，或许更希望在极其有限的时间里，你们能够比当年的我们收获更多。所以这门课于我而言，它不仅仅是课堂，更是和学弟学妹们共话成长，启迪未来的温暖的"家"。是的，大家可能猜到了其实我还有另一重"秘密"身份，十六年前的我，也在我们中文系，也在培英楼背诗经楚辞，也在月亮广场说"我在太阳广场等你"……对，我是你们的学长。也正因如此，我真心希望这门课别具温度，充满情感。

开课第一讲，在疫情防控的关键时期开始。我也暂不打算直接开展"直播"教学，只希望见字如晤。我们一起来探索中文专业"创新创业"的真谛，这或许没有标准答案，更不是教你们创业致富（这着实是很大的误解），但若乐在其中，一定会有闪烁光芒的思想，一定会有启迪未来的火花，让我们共同期待！今年是我与创新创业教育结缘的第十一年。十一年的时间并不漫长，但这十一年却很有故事，很有情感，虽不是刻骨铭心，却也百转千回，足以一生铭记！十一年的双创故事里，我的身份是指导老师王老师，是参赛队友琥哥，甚至还是"月老"（因为促成了很多段双创"姻缘"，当然只是将"双创"这位佳人不厌其烦地推荐给同学们），但更是情同手足、血脉相连的家人，缘起双创，情定一生！

愿这第十一年，在这个有些特别的2020年，和亲爱的你们一起将我们的双创故事进行到底！

最后，还是那句念叨了很多次的话：疫情防控关键时期，大家一定要照顾好自己和身边的家人，同时尽量充分用好时间多读书多思考。有任何问题，欢迎随时联系我。真心希望成为大家遇到困难时最先想到的那个人。祝一切安好！

爱你们的琥哥
2020年2月26日

在每学期课程结束的时候,我们也充分重视学生的情感价值素养熏陶,精心制作学期课堂剪影视频和结课时《致同学们的一封信》,"有温度"地回顾整个学期的课堂教学:

亲爱的"创新创业导论"班同学们:

  展信安。

  悠悠时光流转,与同学们因"创新创业"相识其实已近六个月,如果从建立课程群的十二月开始算的话。能相识在你们最美好的青春年华,我很荣幸,也很珍惜。

  这六个月以来,有一个问题始终"魂牵梦萦",一直让我们不断思考,我们这门课在大一阶段,究竟可以带给大家什么样的收获。正是这种思考的激励,这门课继续"坚持"了小班教学(这可能也是较为少见的创新创业课程的小班化教学),邀请跨校、跨学科的专家来到课堂讲学;以课程内容为基础"拼命"鼓励大家参加相关社会实践、参与创新创业比赛、大学生创新创业训练计划的导向,邀请学长学姐来和大家聊大学学习和生涯规划;课后和大家关于大学规划、专业竞赛展开交流与讨论;寒假和平时一对一地"叨扰"你们,以期了解你们的所思所想,还有平时课程群里几乎都没有间断过的各种推文"扎堆"……所有的这一切都是希望这门课带给你们的不局限于这门课本身,或许更是希望在极其有限的时间里,你们能够比当年的我们收获更多。只是,有些抱歉的是,因为其他工作繁重,未能尽然实现心中所愿,还望大家多多理解。所以我想这门课于我而言,它不仅仅是课堂,更是和你们共话成长、交流思想、启迪未来的温暖的"大家庭"。

  也正因如此,我真心希望这门课别具温度,真心希望"创新创业导论"课是有情、有义、有爱的课堂!

"四年师生,一世情分"一直是我作为老师深入骨髓的初心,"与君今世为兄弟,又结来生未了因"一直是我心中最理想的师生关系。所以尽管日常各种工作繁重,我也以这样的初心如磐,倾心执着去追寻。我想心怀理想与希望,再辛苦的行程也有浪漫温暖的色彩。尽管只有两次课了,但我想我们的师生缘分一定不止于这短暂的半个月,一定可以是四年师生,一世情分。

祝愿亲爱的同学以创造思维开创人生,拥抱有诗、有歌、有梦的未来!

王老师

2021 年 6 月 20 日

(三)"创新创业导论"在线教学的实践与探索

归纳起来,在线教学期间,课程组以课程思政理念和一流课程标准为纲,着重从以下四方面进行了教学改革与实践探索。

1. 确立有温度的"创新创业导论"在线教学方案

无论线上教学还是线下教学,课堂始终是教学的主阵地,创新创业教育也不例外。在通知准备在线教学的第一时间,课程组即着手启动对"创新创业导论"线上课程体系和教学方案建构。首先,在遵循教学大纲的前提下,根据在线教学特点,重新调整"创新创业导论"第一模块教学方案,从教学内容、教学方法、作业布置、课后辅导等方面细化分解教学重点和难点,确保在线教学仍然有据可依,有章可循。其次,课程组教师通过 QQ 群等方式多次开展在线磨课研讨,如主要涉及课程第一模块教学的教师多次就在线教学平台、在线教学授课形式、在线教学内容、在线教学方法、在线教学资源提供等问题进行研讨,力争寻找最佳教学方案。同时,课程组第一时间在课程 QQ 群以调查问卷和一对一交流的方式详细征询学生对在线教学的建议和期待,仔细了解学生在线学习可能存在的问题或困难,充分考虑学生学情和教学实际,以实现疫情期间"有温度"的教与学,不断调整优化在线教学方案。

2. 精心设计德育元素深度融入的"创新创业导论"教学内容

结合线下教学特点,精心设计在线教学内容,探索创新创业课在线教学的"寓德于课"模式,将课程思政理念深度融于在线教学全程。首先,重点将抗疫事迹深度融于课堂,进一步激发同学们的爱国热情,增强社会责任感。在开学第一课的在线教学中,结合课程绪论内容融入抗击疫情的鲜活案例,让学生在真实感人的事例中接受教育和熏陶,让学生深刻感受抗疫斗争所展现的中国力量、中国精神。其次,选取鲜活德育案例融入课堂。如在"创新创业精神与人生发展"这一章节,讲解广义的"创新创业精神"是指开创事业、开创未来这一概念时,选取教育家陶行知的故事来诠释。通过播放关于陶行知先生的演讲片段,让学生真切感受行知先生"万世师表,为国为民"的崇高精神,将复杂抽象的知识概念生动化、形象化,让学生深刻理解广义的创业精神是深怀家国热爱、奋发进取的拼搏精神,是"捧着一颗心来,不带半根草去"的"赤子之忱"。最后,将专业教育深度融于创新创业教育,将中华优秀传统文化元素深度融于课程教学。以宁波"天一阁"范氏家族四百余年世代相传、守护藏书的故事,启迪学生理解文人的情怀、精神、担当与风骨是今天每一个中文学子未来开创人生价值追寻和初心理想。同时，课间播放《经典咏流传》与课堂教学内容有关的诗词曲目，进一步加深学生对广义"创新创业"概念的认知和理解。

3. 一对一关心、精细化指导学生

课程组教师始终认为抗疫关键时期的"停课不停学"，本质上在于让学生的成长成才不断线。为此，全心关爱学生，一对一精细化指导学生学业，让每一名学生感受到来自老师最真切的关心和牵挂，被我们视为"创新创业导论"线上教学的"灵魂"，也是创新创业教育"课程思政"最生动的实践。隔离疫情不隔离爱，在线教学的接近三个月里，课程组老师时刻关心牵挂学生的健康与成长。首先，在假期里，课程组教师通过课程 QQ 群一方面给学生推荐创新创业电子书、创新创业电影、大赛线上资料等学习资源，供他们自主选学；一方面经常给学生们推送健康提醒、防疫常识。同时尤其注重一对一关心每名学生在家学习情况，提醒他们做好健康防护。其次，在线上开学前，课程组以《致在家学习的你们》致信全班学生，以见字如面的方式，关心同学们居家学习的情况，激发同学们的学习热情，有温度地开启线上教学。最后，因材施教，课后教师坚持一对一以邮件详细回复每名学生的课程作业，给每名同学的详细回复在 400~600 字间，精细化、有针对性地指导学生学习。同时，对学生的关心细致到清晰记得班上同学的生日，在生日当天第一时间给学生送去生日祝福，提醒学生在做好健康防护的同时确保学习效率。

4. 精心组织线上的实践教学指导

"创新创业导论"课是理论讲授和实践教学相结合的课程，且

课程的实践性特征突出。为此,我们采取多种方式,坚持专业与创新创业教育深度融合的理念,鼓励学生基于专业参加创新创业竞赛和科研训练计划,精细化开展线上实践教学指导。我们以中国国际"互联网+"大学生创新创业大赛比赛准备和大学生创新创业训练计划申报为抓手,分层次安排线上课后辅导。首先,精选推荐竞赛辅导相关慕课资源推荐给学生,作为选学内容。其次,周末精心组织线上竞赛分享交流会,邀请竞赛指导教师或高年级学长做在线主题分享,讲解他们的参赛经验和心得。最后,以学生参赛团队为单位建立 QQ 群,教师通过视频会议等方式开展一对一辅导。整个疫情期间课程组通过在线方式辅导 120 余个团队参加比赛。

(四)"创新创业导论"微课教学案例

在"创新创业导论"课程教学资源的建设过程中,课程组教师十分重视课程相配套的微课资源建设,微课建设中也形成了"中华优秀传统文化+"双创教育的鲜明特色。例如在课程的《传承中华传统文化,彰显青春力量与担当》这一微课案例中,教学中教师这样满怀深情地讲道:

…………

1. 传承中华传统文化的重要意义

中华优秀传统文化是中华民族的精神命脉,传承不息。中华优秀传统文化不仅蕴含着丰富的哲学伦理智慧与精神文明理念,亦彰显着中华民族厚重的历史底蕴与价值追寻。青春领航,振兴中华。作为新时代的新青年,我们有责任守正创新,传承守护文化根脉,彰显青春的力量与担当。

2. 传承中华传统文化，彰显青春力量与担当

"星辰总在闪耀，血脉代代相传。"中华五千年优秀文化，代代传承，生生不息，从未断流。然而随着时代的发展和变迁，越来越多承载着传统文化的鲜活艺术失去了传承的勃发生机，逐渐成为文化遗产，渐渐远离我们普通大众的生活。如何让传统文化结合时代特点，焕发生机，真正融入我们的生活，成为滋养我们的精神源泉？有这样一群青年学子结合专业所学，开拓创新，百折不挠，交出了一份份探索传统文化创新传承的生动答卷。

发源于约两千五百年前的传统香道文化，它陪伴着中华民族的历代英贤走过了千年的沧桑风雨，走出了华夏文明光耀世界的灿烂历程。香道文化千年发展的历程，无不体现着中华的精神气质、民族传统和价值追寻。然而，传统的香道文化随着历史的长河走到当下，人们对它已经有些陌生，它似乎逐渐成为人们可望而不可即的文化遗产。有这样一群对传统文化有着赤忱之心的青年学子，因为热爱，所以传承。他们通过实地调研深入了解香道文化现状，从香道古籍中研读找寻古法真谛，依托学校学科优势探索香道传承与跨境交流的新路径，以社会科普培养更多热爱香文化的青春力量，扎根社会实践弘扬传统香文化……三载岁月，初心如磐，创新实践，矢志奋斗。为坚定的梦想，为钟爱的志业，为责任与担当，三载青春如歌，岁月芳华，他们在继承和发扬传统香道文化的征途中砥砺前行。三载坚守，终梦想花开，让千年香文化浸润当下生活，让千年"芳馥"满中华，让千年文化基因永流传。

为什么这群青年学子能够不断攻坚克难，为梦想砥砺？正是因为根植于他们骨子里的文化血脉，正是因为他们内心深处对优

秀传统文化的信仰、责任感和使命感。这样坚定的文化自信，也感染和带动了身边更多同样热爱传统文化的青年学子成为传承的坚实力量。他们以专业所学，全力以赴，让更多承载优秀传统文化的艺术得以重新焕发时代光芒，走入当下人们的生活。

3. 在守护中华文化根脉中砥砺前行

文化血脉，薪火相传，生生不息。"中华优秀传统文化是中华民族的文化根脉。"她有着永恒的生命力和最深沉的力量。作为新时代的新青年，守护中华文脉，需要在对中华优秀传统文化的热爱与坚守中与时俱进，开拓创新。千山万水，勇往直前，让青春的力量与担当在创新传承中华传统文化的生动实践中熠熠闪光。

以上可见，在《传承中华传统文化，彰显青春力量与担当》这一微课案例中，课程组精心设计丰富生动的教学内容，融入有专业特色的双创项目案例"'芳馥中华'——传统香文化传承项目"，通过情浸式的教学方法，让学生的情感素养得以升华，深切感受到自身传承中华优秀传统文化的责任和使命。

第三节　新文科理念下"大学生创业教育"金课建设的研究与实践

"大学生创业教育"课是四川外国语大学中国语言文化学院本科生通识必修课，面向大学本科一年级学生开设。课程旨在启迪学生基于专业的创新思维、创业意识，培养学生基于专业创新创造的能力。在新文科建设背景下，课题组以 OBE 教育理念为指导，从课程标准、教学内容、教学团队、教学方法和考核评价等方面进行课程改革，以推进"大学生创业教育"金课建设，培养德才兼备的创新创业型人才。

一、OBE 理念下"大学生创业教育"金课建设的必要性

（一）"大学生创业教育"课教学改革的必要性

课程作为高校人才培养的核心环节，是落实立德树人根本任务的重要途径。"课堂教学是'金课'的主阵地、主渠道、主战场。"[①] 创新创业教育通识课作为创新创业教育的主要载体，是教育理念、教育原则转化为具体教育实践的关键环节，对学生打好创新创业基础意义重大。为此，探索创新创业教育的课堂教学改革，建设金课，培养富有创新思维、创业意识和创新创业能力的大学生，是新时代教育改革的必然要求。

"大学生创业教育"是四川外国语大学中文学院本科生通识必修课，属于面向全体学生的创新创业教育基础课，主要定位为创新创业启蒙教育，重在启迪学生的创新意识与思维，培养创业者精神。对照金课建设"高阶性、创新性和挑战度"标准，需要从"大学生创业教育"课的课程标准、教学内容、教学团队、教学方法和考核评价等方面进行创新与改革，以提升课堂教学效果，推进一流课程建设。

（二）OBE 教育理念应用于"大学生创业教育"改革的重要意义

OBE 理念是一种强调以学生学习为中心，紧密围绕学生未来

---

① 吴岩. 建设中国"金课"[J]. 中国大学教学，2018（12）：4-9.

所需要的知识、能力和素质为导向来进行培养的教育思想。"OBE是以学习者为中心、成果导向、持续改进三个要素的合成。"[①]这种理念与创新创业教育培养目标有较高契合性。为此,我们将OBE教育核心理念运用于创新创业课程,以期提升课程教学质量,培养学生高阶思维与实践能力,助力学生实现更高质量的创新创业。具体而言,在教学改革实践中,课程强调以学生学习为中心,以培养学生基于所学专业的创新精神、创业意识和创造能力为目标,以目标导向来反向设计"大学生创业教育"课,同时注重在教学实践中根据学生学习反馈不断优化教学体系设计,以最终促进学生创新精神、创业意识和创造能力的发展形成。

二、OBE理念下"大学生创业教育"金课建设的研究与实践

遵循一流课程建设标准,结合"大学生创业教育"教学实际和存在问题,课程组着力从以下五方面进行教学改革实践。

(一)研究确立"专思创"融合型课程标准

"课程理念是教育教学的灵魂。创新创业教育的目标是培养高素质创新创业人才,与高校'立德树人'的根本任务是相契合的。"[②]广义的创新创业教育重在倡导让学生以开拓进取的精神,积极探寻发现生活中的实际问题,创造性地解决问题,攻克难关,

---

① 张男星,张炼,王新凤,等.理解OBE:起源、核心与实践边界——兼议专业教育的范式转变[J].高等工程教育研究,2020(3):109-115.
② 丁伟.课程思政视角下的创新创业教育课程建设[J].东华大学学报(社会科学版),2018(4):242-246.

为社会和他人创造价值。基于这样的双创教育认知，在通识课"大学生创业教育"中，课程组遵循思想政治教育、专业教育与创新创业教育深度融合的理念确立课程标准，修订教学大纲。首先，坚持创新创业教育的价值引领。"充分认识思想政治教育在高校创新创业教育中的导向作用。"[1]创新创业教育课的首要任务是培养大学生积极向上的创新创业精神和开拓进取的拼搏精神。为此，课程组以教育部《高等学校课程思政建设指导纲要》为依据，深度挖掘课程的德育元素，将社会主义核心价值观、民族精神、爱国主义情怀深度融入课程教学，实现思想政治教育的润物无声。其次，创新创业教育重在培养学生基于所学专业创造性解决问题，提倡"专创融合"。为此，我们探索将中华优秀传统文化和中文专业前沿内容融入创新创业教育，提升学生基于专业的创新思维，培养他们解决问题的应用能力，激发专业学习和专业研究的热情。同时，推动思想政治教育、专业教育和创新创业教育三者深度融合，将价值塑造、知识传授和能力培养三者融为一体，寓价值观引导融于知识传授和能力培养之中。

（二）探索 OBE 理念下"主题式"教学内容改革

根据"大学生创业教育"课程标准和"专思创"融合的教学目标，反向设计，对教学内容进行革新。新的教学内容分为五个"主题式"板块，即创新思维、创新能力和方法板块；创业基础知识板块；创业精神和生涯规划板块；创新创业竞赛板块；专业与创新创业案例板块。同时，在每一主题中深度融入思想政治教育

---

[1] 马俊平. 高校思想政治教育和创新创业教育协同育人研究[M]. 北京：中国水利水电出版社，2018.

元素。五大主题的知识紧密联系，让学生在循序渐进的学习中启发创新思维和创业意识，激发基于专业探索创新创业的热情，逐步提升探寻问题、发现问题和解决问题的能力。

（三）深度探索新文科视域下多学科协同育人的教学团队建设

"高校创新创业教育的实施主体之一是教师，他们既是学生学习创新创业课程的教授者和开展实践活动的指导者，又是创新创业教育理论的研究者。专业化水平高的教师是实施创新创业教育的重要推动力。"[①]为此，课程组探索"大学生创业教育"的多学科教学团队建设，探索多学科协同育人。课程设主持教师一名，邀请若干名师德师风高尚、教学能力优秀的教师加入团队。根据课程标准和教学内容，课程教学团队涵盖思想政治教育、管理学、传播学等多个学科。每位教师结合自身专业擅长，与课程五大主题知识板块实现一一匹配，确保最专业的人讲授最适合的内容。团队教学实施以来，教学团队集体备课、磨课，确保教学的连贯性、教学风格的多样性、教学方式的丰富性，取得了良好的育人效果。

（四）探索OBE理念下教学方法创新

OBE理念强调以成果导向来设计教育教学，以持续改进来推进教育教学，并以基础性的标准来要求、规范、检查教育教学。[②]基于OBE教育理念，课程组改变传统以教师讲授为中心，坚持以

---

① 张强，廖成中. 新时代高校创新创业教育理论与实践[M]. 北京：科学出版社，2020.
② 张男星. 以OBE理念推进高校专业教育质量提升[J]. 大学教育科学，2019（2）：11-13+122.

学生发展为中心,探索小班化、探究化的教学改革,着力引导学生细致观察和深度思考,真正参与课堂,不断学习和反思。紧密围绕教学目标融新教学技术于教学,增强课堂的实时反馈与互动,打造体验式课堂。"创业体验学习强调学生的参与,贯穿于整个创业课程体系以及学生的创业实践活动。"[①]通过教学方法的改革创新,让学生在亲身参与中增强创新精神、创造意识和创业能力。

(五)探索课程考核评价机制改革

与OBE理念下课堂教学改革相配合,课程组探索考核评价机制的改革。首先是树立科学促成长的评价新理念。坚持切实创新过程评价,完善综合评价,因材施教引导学生坚定理想信念、厚植爱国情怀。其次是强调学习过程考核,提高学生自主学习的积极性。将课堂内外、线上线下学习情况均纳入考核评价,丰富平时成绩评价方式。再次是建立多元化评价机制。将学生参与科研、参与互联网+创新创业大赛、传统文化实践等纳入综合成绩加分项。最后是探索期末考试"非标准化答案"评价。在期末考查中,根据课程特点命制较高比例的考查学生实际运用能力的试题,同时不设定唯一标准答案,提倡学生探究式解决问题,重在考查学生的创新思维和创造能力。

三、OBE理念下"大学生创业教育"课教学改革成效

经过课程组坚持不懈的教学创新,"大学生创业教育"课程建设形成了鲜明特色并取得了显著育人成效。首先,以学生发展为

---

① 梅伟惠. 高校创业教育的组织模式与运行机制创新研究[M]. 杭州:浙江大学出版社,2020.

中心的课程改革,极大提高学生学习积极性,激发学生自主学习的动力。学生参与课堂、参与创新创业训练与实践的热情不断提升。学生对于课堂评价反馈高。教学效果深受学生好评,学生选课热情高。其次,成果导向的教学设计极大地提升学生创新创业能力。学生参与高水平创新创业竞赛比例高,取得丰硕获奖成果。学生在中国国际"互联网+"大学生创新创业大赛、挑战杯创业计划竞赛、全国大学生电子商务创新创意及创业挑战赛等高水平学科竞赛中获得了数十项省级竞赛奖。再次,培养了学生的团队合作能力和创业者精神,激发了专业志趣。学生团队结合所学专业进行创新创业和研究实践,形成了一批关注社会公益的优秀文创项目,涌现出一批创新创业优秀典型学生。最后,课程实现塑魂与育才相融合。课程厚植家国情怀,润物无声,将深怀家国热爱致力创新创业内化为青年学子的使命担当和坚定选择,助力学生成长成才。

四、OBE 理念下"大学生创业教育"课教学改革经验与思考

根据教学改革实践经验总结,课程组认为,探索成果导向理念下的创新创业教育课程改革,打造一流金课,需要在以下几方面不断着力。

(一)教师团队应不忘立德树人初心,坚持执着而长期的无私奉献

探索课程教学改革、建设一流课程是一项长期的系统工程,教师是课程改革的重要因素。为此,这需要教师团队付出大量心

血和时间，深怀为师者的理想和对学生的热爱，矢志不渝地坚守教书育人第一线，持之以恒，润物无声。教师在不断研究探索课程改革、全身心关爱学生、助力学子成长的过程中建设创新创业教育金课。

（二）在课程思政理念下建立课程新标准、在教学实施中实现课程育人与铸魂的价值引领目标是建设金课的关键

创新创业教育应引导青年学子将创新创业内化为自己内心的理想和追求，深怀家国热爱，在创新创业的实践中为中华民族的伟大复兴贡献青年力量。为此，在课程的核心教学环节全程生动实践课程思政、实现课程的育人育才塑魂目标是建设一流课程的重中之重。

（三）深度探索新文科视域下多学科协同育人是教学改革的难点

"大学生创业教育"课依据新文科建设，主张突破单一学科及其培养模式局限，提倡多学科交叉融合的理念，建立了课程的多学科协同育人教学团队，旨在为开拓学生学科思维、建立跨学科视野培养复合型创新创业人才。在教学实践中，如何更好地发挥多学科育人实效，深度探索多学科协同育人的路径与方法，是教学改革的重点和难点，这需要教学团队不断深入研究，在教学实践中持续改进，以发挥多学科协同育人的最大优势。同时，在建设一流课程的过程中，如何更好地体现学校办学定位和人才培养目标，发挥学校外语学科多语种的优势，培养具有家国情怀、国

际视野的高素质复合型涉外人才,也是课程建设必须考虑的关键要素。

综上所述,OBE教育理念对于创新创业课程教学改革意义重大。推进创新创业教育一流课程建设,应在课程思政和金课建设标准指导下,以学生发展为中心,以学生学习成果为目标导向,从课程标准、教学内容、教学团队、教学方法、考核评价等方面进行深入研究和持续实践,不断提升课程的难度、深度和温度,推进创新创业教育与思想政治教育、专业教育深度融合,全面提高课堂教学质量,实现塑魂与育才相融合。

第四节 新文科理念下"大学生职业发展规划与就业指导"课程教学方法改革

"大学生职业发展规划与就业指导"(简称"就业指导")是高校本专科学生的一门必修课,它对提高大学生求职择业能力有着十分重要的作用,对大学生求职观、就业观的影响意义重大。而作为一门实践性很强的课程,其教学方法的改革是一个值得关注的问题。本节在新文科理念下拟结合亲身教学实践和调查研究,针对就业指导课教学存在的问题,对其教学方法的改革提出一些初步的设想和思考。

一、"大学生职业发展规划与就业指导"教学存在的问题

根据我们课程组的教学实践和调查研究,我们认为当前就业

指导课教学中主要存在的问题包括：第一，在教学过程中，忽略了课程自身的特点，仍然参照其他课程的模式以教师为中心，以课堂讲授为中心，教学方法相对单一，缺乏灵活性、生动性。第二，课程教学缺乏与实践结合，学生的参与度、积极性不高，授课效果欠佳。第三，在考试评价方式上，重知识记忆，轻实践能力、运用能力的考查，没有从理论和实践两个层面形成综合评价体系。

这样的教学模式、教学方法和评价方式，很难真正调动学生的积极性，也难以真正提高学生的就业能力，为学生的求职择业提供有效的帮助。因此，针对上述问题，结合新文科教育理念，我们在教学实践中做了一些初步的探索和尝试，灵活采取多种教学方法，强调以学生为主体，引导学生积极参与课堂，主动思考、探索，切实提高授课效果。

二、新文科理念下"大学生职业发展规划与就业指导"教学方法改革实践探索

归纳起来在教学改革实践中，我们主要从以下五方面进行了尝试：

（一）采用"双主"教学模式，突出学生的中心地位

就业指导课有着实践性强的特点，应突出学生的课堂参与才能收到实效。而传统的教师单向讲授教学模式一定程度上限制了学生的思维和创造空间，很难调动学生参与其中。为此，我们改变这一传统教学模式，采用"双主模式"教学。"双主模式"主要是通过"任务驱动"的教学方法来实现教师的主导性和学生的主

体性，即给学生一个任务让其自主完成。在其完成的过程中，教师给予必要的组织和指导，真正做到教学相长。①研究表明，在实际教学中运用双主教学模式有助于提高学生的课堂积极性和参与度，有助于教学效果的提高。

实施双主教学，我们主要采用了两种形式。

一是采取课堂讨论。课堂讨论又有两种方式：专题讨论和与课堂讲授相结合的即兴评述。课堂专题讨论，即由教师精选有关专题章节或就业案例，列出思考题，在课前布置给学生，让学生下去查找资料、归纳、总结，然后在课堂发言。这样的讨论课学生参与踊跃，课堂气氛热烈。比如讲到考研选择这部分内容时，围绕"考研与就业的抉择"这一话题，让学生在课前准备，深入思考，明确自己的目标，在课堂上进行讨论。学生发言后，教师再做出点评、总结，使学生对该问题有更全面的认识，拓宽学生的思路，丰富学生的思维。课堂即兴评述，即当讲到能引起学生思考的问题或案例时，让学生即兴讨论，讲出自己的观点，进而加深理解。比如在讲到求职材料准备时，列举成功简历范例和失败简历范例让学生即兴点评，分析比较优劣。再如，讲到初入职场的心态调适时，让同学就"如何看待大学生蚁族现象"进行讨论发言。

二是采取学生讲课的形式。这也有两种形式：部分章节内容让学生来讲解，如企业文化章节，让学生课前准备，上台详细讲述自己所了解的企业文化，再由老师逐一点评；开展课前求职故

---

① 隋耀伟，高海英. 大学生就业指导课程"双主模式"任务驱动型教学实践研究[J]. 长春师范学院学报（人文社会科学版），2012（1）：150-151+130.

事或职场典型案例分享，让同学在课下主动学习，搜集求职案例或最新职场讯息，再到课上分享，养成自主学习的意识。

（二）充分利用多媒体技术，增强课程的生动性

多媒体教学作为现代化的教学手段，融音乐、绘画、影视、图片于一体，信息量丰富。把这一教学手段引入就业指导课教学，能扩大授课容量，激发学生的学习兴趣，取得显著教学效果。为此，我们充分推进多媒体教学与就业指导课程相整合，在教学中根据实际所教内容，灵活地将视听讲说统筹起来，增强课堂的生动性。

一是课程组通过集体备课精心制作了课程的多媒体课件，并通过组织优质课件大赛，进一步优中选优，制作出整套多媒体课件。通过课件把须板书的重要内容通过幻灯投影，穿插适量相关的图片、音乐、案例。这样既精简了课堂讲授的时间，增加了课堂容量，同时也化抽象为具体，给学生以形象、直观的感受。

二是在课堂教学中穿插放映与教学内容紧密相关的视频资料。贴合学生学习、生活实际的视频资料能引发学生对于现实的思考，激发学生将所学的知识用于实践的热情。为此，我们课程组广泛收集适合本课程的多媒体资料，努力创设生动、活泼而又不失严谨的教学情景，建立了就业指导课程影视资源库。比如在讲授就业形势时，可以给学生播放职场励志电影，提升学生的求职信心；讲授就业政策时，可以播放"感动中国人物"最美乡村教师视频片段，坚定学生投身基层的志向；讲授面试技巧时，可以播放求职面试类电视节目，如《职来职往》《非你莫属》《绝对挑战》中有代表性的片段，让学生参照学习；讲授创业准备时，

可以播放创业励志片,让学生感受榜样的力量;讲到就业法规时,可以播放说法类栏目剧中的就业维权案例,让学生真切感受求职中学法维权的重要性。

三是建立课程的网络学习平台。平台汇集课件、视频资料、课程习题、课外参考书目、职业测试软件等丰富资源,为学生提供自主的学习环境。同时,通过平台这一载体将教学延伸到课堂外,实现老师与学生的一对一交流,针对学生的求职困惑进行个性化指导。

(三)采取自编职场剧、模拟面试等情景教学方式

一是自编职场剧进行表演。就业指导课中的相当部分案例都来自真实职场或现实生活,生活气息浓厚,特别适合改编成课堂剧来演绎。同时这也是让学生通过体验式学习,认知职业、职场的有效途径,让学生切身感悟体会职场。为此我们尝试了这样的方法,围绕授课内容组织学生排练了《三方协议签订》《求职路多艰辛》《初涉职场》《上班这点事》《职场维权》《毕业那些事》《考研日志》等多部短剧,让学生扮演求职过程中的典型职业角色,让他们参与教学过程,给予他们充分发表自己的见解和展现自己才干的机会,同时也让学生真切地体会到今后职业生涯发展过程中可能会碰到的问题,了解最新职业信息和社会需求,拓展职业能力。

二是采取模拟面试等情景教学方式。面试是每名学生都要经历的一个重要求职环节,为了让学生有真切的体验,为以后的面试实战打下基础,我们尝试进行模拟面试训练。具体的做法是先让学生分组分别扮演招聘者、应聘者;接着由招聘组学生负责撰

写、发布招聘启事,设置投递简历环节;继而模拟招聘会,由应聘组学生投递简历,招聘组从简历中筛选出符合条件的学生,然后进行面试。整个过程,教师全程跟踪指导,着重于学生个人形象与言谈举止方面的训练,针对容易出错的地方及时进行纠正、改进,根据模拟训练的过程及结果进行评价和总结。

(四)开展丰富多彩的课堂活动和比赛,增强课程的互动性

一是结合教学内容,穿插大量相关的互动式活动。例如在讲授职业生涯规划章节自我探索小节时,围绕"自我能力探索"这一主题,设计了如"兴趣岛测试""无话语表达""逃生考验"等活动;在生涯目标规划小节,围绕职业目标,设计了"职业畅想"活动,让学生在教师的引导下通过想象来畅谈五年后职场中的自己;在创业教育章节,设计了团队训练游戏——"电波"传递,让学生在游戏中体验团队合作的重要性。通过系列互动活动,让学生在轻松的氛围中了解相关知识,提升能力。

二是开展就业沙龙活动,邀请校友或优秀学长与学生面对面交流。每年均邀请已毕业学生到课堂来和学生交流,让他们向学生分析就业形势,谈自己求职的心得体会,谈社会对人才的素质要求,从而激励学生以优秀校友为榜样,吸取优秀校友的职业生涯发展成功经验,帮助自己更好地规划职业生涯,全面提高自身素质。

三是开展生涯规划比赛、简历评比大赛、就业论坛征文等活动,以比赛促进教学。根据教学需要,组织学生开展简历评比大赛、创业设计大赛、礼仪大赛等系列比赛,将教学场所移至赛场,

通过层层预赛选拔，让更多的学生参与进来，提高学生的学习积极性，寓教于赛，以赛促学、以赛促教。

（五）创新考试评价方式，让教学方法的改革得到有力支撑

就业指导课的最终目的不在于考试，而在于让大学生形成正确的择业观念，了解相关政策法规，提高就业竞争力，为就业做好充分准备。基于这样的初衷，同时也是为了和教学方法的改革相配合，我们在近几年对考试评价方式的改革进行了尝试，注重全面评价学生，强化过程考核。

一是改革成绩评定方式。我们采取了课前求职故事分享、课堂讨论、学期论文、比赛加分等平时成绩和期末考试相结合的综合评定成绩的方式，即课堂讨论、实践活动等平时成绩占60%，期末考试40%，这样进一步突出了平时课堂教学与实践教育的权重，利于引导学生重视课堂教学。

二是改革考试内容，与教学改革实际相结合，在期末考试中增加就业案例分析等主观性、个性化试题的分量，主要考核学生对相关理论的理解掌握和对案例的分析能力。命制了如"试就你自己的实际状况，谈谈如何设计规划你的职业目标；试针对自己的求职目标撰写一份中英文求职简历；在电话面试中，应注意哪些细节；结合案例分析就业协议书和劳动合同的异同；分析案例中主人公面试失败的原因；毕业生在求职过程中应如何防范就业陷阱；大学生在求职中会遇到哪些法律问题，怎样在求职时依法保护自己的合法权益；初入职场会面临哪些压力，你将如何面对职场中的各种心理压力"等试题。通过这类试题着重考查学生的

实际的求职择业能力，确保课堂教学内容真正落到实处。

综上所述，"大学生职业发展规划与就业指导"是一门理论与实践紧密结合的素质教育类课程。就业指导课是一门理论与实践结合紧密的综合性课程，对提高大学生的求职能力和职业素养有着重要意义。根据课程教学的实践，积极探讨教学方法的改革，进一步提高教学质量，有助于达成开设课程的初衷，真正促进大学生求职就业能力的提高。

第四章

高校中文专业双创教育专创融合型通识课程建设研究

创新创业教育与专业教育的融合发展，是我国全面深化高校创新创业教育改革过程中亟须解决的难点问题。[①]专创融合教育的落脚点必然要落实到人才培养的课堂教学中。专创融合型通识课程主要为本科低年级阶段所开设的专业类课程，包括必修课和选修课，涵盖理论型课程和实践型课程。在这类课程的建设中，课程组强调在传授专业知识时实现双创理念的融会贯通。本章主要以偏理论型的课程"语言文化与社会"（省级一流课程）和偏实践型的课程"新文科专创融合训练与实践"（校级双创教学改革课）为典型个案，探讨专创融合型通识课程的教学改革与建设经验。

第一节　新文科理念下"语言文化与社会"一流课程建设探索与研究

"语言文化与社会"课程组以新文科建设理念为指导，以金课"两性一度"特征为纲，以厚植学生家国情怀，加深学生对祖国语言文字的热爱，培养学生探究问题意识，培养学生高阶思维和创新实践能力为目标，深度挖掘课程的德育元素和人文精神，寓价值观引导于知识传授和能力培养，从课程标准、教学内容、教学方法、实践教学、课程考核评价和全过程育人等方面探索课程改革，推进外国语大学通识课"语言文化与社会"一流课程建设。

"语言文化与社会"课是重庆市一流课程，为通识教育选修课，主要面向本科大一年级学生开设。课程作为传统语言文化类通识

---

① 舒霞玉. 我国高校创新创业教育课程建设研究[D]. 长沙：湖南大学，2021.

课，旨在引导学生对语言和文化进行深层次的理解和把握，使学生通过语言及语言现象了解其背后所蕴含的文化信息，提高学生语言表达能力，同时也强调语言调查和学以致用。"语言文化与社会"教学改革成效显著，学生评价满意度高，评教分数居全校通识课最前列，进入全校前3%。课程组教师在5年教学改革的基础上，拟以新文科建设理念为指导，以金课"高阶性、创新性、挑战度"特征为根本标准，深度挖掘课程的德育内涵，提升课程难度和深度；从"语言文化与社会"的课程标准、教学内容、教学方法、实践教学、考核评价、全过程育人六方面进行研究和教学实践，使价值塑造、知识传授和能力培养三者真正融为一体；探索铸魂与育才相融合的"德融课堂"模式，培育打造具外语院校特色的传统语言文化类通识课典型范本，建设一流课程。

一、新文科理念下"语言文化与社会"金课建设重要意义

"语言文化与社会"课是在文化语言学理论指导下，面向本科生开设的通识选修课，课程主要讲授汉语言文字与中华优秀传统文化的紧密联系，包括汉语与历史文化、汉语与社会文化、汉语与民族思维、汉语与心理文化等方面的内容。语言是文化的重要组成部分，是文化的载体；文化是语言的底蕴，赋予语言以丰富而深邃的活力。因此，"语言文化与社会"课教学内容本身就蕴含着厚重而丰富的优秀传统文化信息，汉语里所蕴含的古老文化信息、民族的历史文化精神本身就是最好的德育素材，在增强学生对传统文化的热爱，坚定文化自信方面意义深远。在课程思政课

程观的指导下，课程组教师探索课程的改革与实践，深度提炼课程所蕴含的家国情怀、文化自信、人文精神等德育元素，通过课程讲授、实践教学和课后辅导，在潜移默化中厚植学生的爱国主义情怀，坚定其理想信念，提升其语文素养和语言应用能力，培养德才兼备的新时代大学生，实现铸魂与育才相融合。

二、新文科理念下"语言文化与社会"金课建设研究与实践

"课程是学校育人的基础环节和主渠道。课程建设不好，课程思政功能就无从谈起，我们要按照课程建设规律，结合课程特点，进行教学设计，更新教学内容，创新教学形态，改进教学方法，积极引入现代信息技术，充分调动学生的学习积极性、主动性、创造性。"①探索新文科理念下的"语言文化与社会"课金课建设，坚持在课程目标中以价值塑造、能力培养、知识传授三位一体的课程总目标为指引；坚持在核心教学环节全程实践新文科理念——在课程标准、教学内容、教学实施、实践教学、考评机制和教师的言传身教中全程育人。具体来说，课程组教师做了以下六方面的探索与实践。

（一）建立新文科理念的课程新标准

中华优秀传统文化是中华民族的"根"与"魂"。传统语言文化类通识课的"语言文化与社会"本身就蕴含丰富的优秀传统文化信息和育人元素。在新文科理念指导下，"语言文化与社会"课

---

① 张大良. 课程思政：新时期立德树人的根本遵循[J]. 中国高教研究，2021（1）：5-9.

程组遵循外国语大学人才培养定位，依托学校外语学科优势，从课程"厚植家国情怀和人文底蕴，培养创新能力，提升语言运用能力"教学目标出发，将价值塑造、知识传授和能力培养三者有机融为一体，将培养学生对祖国语言文字的热爱、坚定文化自信这一价值观引导深刻融于课程的知识传授和能力培养之中，讲授"有温度"的知识内容，培养"有情感"的实践运用能力，让学生进一步深刻认识祖国语言文字光辉灿烂的悠久历史和重要影响，增强民族自信心和自豪感，坚定文化自信，进而更加珍视并自觉基于所学专业传承优秀传统语言文化，实现育德与育才相融合的课程目标。根据课程知识传授、能力培养和价值塑造目标，遵循学校通识课教育定位和教育目标，结合教学实际，研究编制有适当难度、深度和一定挑战性、高质量的课程教学大纲，确定课程教学新标准。

（二）探索专创融合视域下的教学内容改革

"专创融合"即在"语言文化与社会"的课堂融入启迪创新思维和创造意识，培养学生运用所学解决实际问题能力的相关教学内容。课程组教师在课程思政理念和专创融合理念指导下，探索课程教学内容革新，具体而言，即以语言文字知识、优秀传统文化为载体，深度融入德育元素，搭建起课程内容与德育教育联系的桥梁，注重融入学科前沿信息和生活中的实际语言运用案例，以加深学生对语言文字的热爱和情感，引导学生关切现实生活中的语言现象，培养发现问题、研究问题和解决问题的能力。第一，深度挖掘教学内容即传统语言与文化背后的育人价值和人文精神，使之成为启迪学生心灵、塑造学生价值观、滋养学生专业成长的重要元素。第二,结合学生学习实际,深度融入语言学学科前沿知识,以最新的学科研究成果来启迪学生创新思维和创造意识,激发学生学习主动性。第三,深度融入现实中的鲜活语言运用案例,激发学生关注实际语文生活的热情,培养学生运用所学研究、解决相对复杂语言问题的能力,学以致用。

(三)探索融现代教学技术的"小班化-探究式-沉浸式"教学模式与方法

课程组在教学中坚持以学生发展为中心,以小班化组织课堂,力争实现更高质量的"教"与"学";融现代教育技术于课堂,探索混合式教学模式、体验式教学、沉浸式教学。采用学习通等智慧工具,综合运用翻转课堂、对分课堂等以学生为中心的教学方法,切实增强教学感染力,让学生在亲身参与中加深对语言背后所蕴含的文化的理解,加深对语言文字的热爱。首先,采取小班化组织课堂,每班人数一般不超过40人,以加强对每一名学生的针对性指导,因材施教,一对一反馈学生作业情况。其次,采取探究式教学法。"探究式教学方法是一种坚持问题导向,以创新体验为载体,以学生综合能力的培养为目标的一种教学方法。它注重学生学习兴趣的提高和求知欲的满足,倡导学生的亲身体验和感受,关注以创新为动力的学生综合能力的培养。"[①]以小组合作等方式开展探究式学习,小组合作共同完成一个学习任务,在小组合作研究问题、解决问题的过程中强化师生互动、生生互动,培养学生团队精神和研究能力。再次,融现代教学技术于课堂,

---

① 王晓民,李妙然. 高校探究式教学过程及运行环境分析[J]. 中国成人教育,2017(11):100-103.

广泛采用学习通、对分易等智慧教学工具，用主题讨论、实时问答等方式，引导学生深度参与课堂，打破课堂沉默，活跃课堂氛围，在思与辨中获得新知。最后，探索沉浸式教学模式。根据教学实际，部分教学内容选择在传统文化体验研究中心和智慧教室授课，打造沉浸式、体验式教学环境，让学生在身临其境中真切感受语言所蕴含的历史积淀、文化脉搏和厚重情感。

（四）探索"价值创造"教育理念下的实践教学改革

实践教学是课堂教学的重要补充，也是贯彻新文科教学理念的关键环节。开展高阶性、创新性和有挑战度的实践教学活动有助于进一步激发学生的主体意识，增强他们的获得感和参与感，促进学生知识能力素质的有机融合，培养他们解决复杂问题的综合能力和高阶思维。为此，课程组依托学院传统文化体验研究中心等实践实训平台，研究践行"价值创造教育"理念下的实践教学改革。第一，加强学生阅读与写作能力的训练。推荐课程必读书目和相关文章作为课堂学习的延伸和重要补充，鼓励学生撰写课堂随笔和课后学习阅读体会，让学生在阅读与写作的过程中，把课堂所学真正内化为能力，提升语言运用能力。第二，精心打造课程精品实践活动。以"写给汉语的一封信""设计体验汉字与文化的情景游戏""寻找最有'情感温度'的成语""语言创意集市""成语故事情景演绎""地名大会"等形式多样的实践活动，让学生亲身参与活动的策划、设计和演绎，将所学理论知识运用于实践，加深他们对于传统语言文化的热爱，体会汉语悠久的历史和灿烂光华，厚植家国情怀。第三，课后以"师生学习共同体"的方式，组建学生科研兴趣小组，教师指导学生结合课程内容选题参加科研计划、专业竞赛、创新创业竞赛,让学生在学科竞赛的激烈竞争中磨砺意志品质和专业精神。"学科竞赛是学生在掌握理论知识的基础上结合课外实践任务来开展活动的过程,它以生产实践活动中的实际问题为项目对象,不断提高学生分析和解决实际问题的能力,强化学生的创新意识。"[①]第四,邀请知名专家开展与"语言文化与社会"相关的讲座,鼓励学生听讲,拓宽学生的学习视野,启迪学科思维,实现课内与课外的衔接。第五,重视课后实践活动拓展。让学生通过参加第二课堂活动和社会服务,将课堂所学知识理论运用到实践。鼓励学生以创新创业训练项目、志愿活动等方式积极投入支教助学、非物质文化遗产保护等公益活动,在知行合一的实践中,培养学生的责任意识和奉献精神。

(五)基于新文科理念的考核机制改革

新文科教育理念要求改变传统的课程考核评价机制。基于新文科理念,课程组教师从以下四方面进行改革。第一,树立科学促学生成长的评价新理念。切实创新过程评价,完善综合考核,因材施教,铸魂育人。第二,革新考试评价方式。加大过程评价比重,提高平时成绩比例,引导学生注重平时学习过程投入,激发学生日常学习积极性。第三,建立多元化评价机制。除了课堂表现和作业评价外,将学生参与科研、文化实践、学科竞赛等情况也纳入综合成绩加分项,关注学生学习的个性化特点。第四,

---

[①] 顾涵,钱斌,张惠国,等. 基于学科竞赛的应用型本科院校创新能力培养模式探索与实践[J]. 实验室研究与探索,2019(8): 213-215,281.

改革期末考试内容。将德育元素融入考试内容，充分关注学生的家国情怀、专业精神和责任意识；加大考查学生实际运用能力的考题比例，探索非标准化答案的评价模式，鼓励学生创新思维。

（六）在教师言传身教中实践"新文科"育人理念

教师是做好课程教学改革的关键。在"语言文化与社会"课的教学过程中，课程组教师不忘立德树人初心，牢记为党育人、为国育才使命，全心无私奉献。"教师自身的学术水平、治学境界、教学投入等，学生有着最为真切的感受，也最容易受到教师所呈现出来的师德师风的感染和影响。"①课程组主要从拓展课程的长度、提升课程的深度和增强课程的温度三方面生动实践课程思政教育理念。首先，拓展课程的时间长度。我们比较有特色的做法是每学期均提前建立课程 QQ 群，一般在学期末即提前建立下学期的课程 QQ 群，通知全体学生加入。通过课程群提前认识、熟悉学生，了解学生对于新学期课堂的期待，同时从假期即开始有针对性地推送课程相关文章、学习资料，以便学生可以有选择性地提前预习相关内容。这样课程就从原来的四个月时间延展到了六个月，极大拓展了学习时间长度。其次，提升课程的内容深度。通过课堂教学引导、课后一对一鼓励，引导学生结合所学专业和授课内容参与高水平学科专业竞赛。同时在整个比赛过程中，一对一精心指导学生准备比赛，以此培养学生的创新实践能力。最后，提升课程的情感温度和育人实效。"作为培养人、塑造人的教育活动，大学专业课程教学应该始终把学生作为基本出发点和归

---

① 文学禹，韩玉玲. 新时代高校课程思政教学创新研究[M]. 长春：吉林大学出版社，2020.

宿，在维护学生尊严、肯定学生价值、关心学生处境的基础上，充分尊重学生的主体性，满足学生成长成才需要，关注学生的生存状况和精神世界，起到发展人、完善人的重要作用，从根本上提升育人实效。"[1]为此，课程组通过坚持了近五年的提前建立课程QQ群、课后答疑辅导、一对一交流等方式，以学生成长发展为中心，一对一主动关心指导学生的学业规划、生涯成长、专业学习等方面的问题，用心、用情、用爱助力学生成长成才，实现真正意义上的全程育人，打造有情、有温度的课堂。

三、基于新文科理念的"语言文化与社会"金课建设成效

经过课程组教师的一以贯之的努力与坚持，"语言文化与社会"课寓德于课，立德树人成效显著。首先，课程育人成效明显。在遵循课程教育教学规律前提下，课程深度融入中华优秀传统文化、人文精神等德育元素，厚植学生家国情怀，坚定学生理想信念，养成学生勤于钻研的专业精神，引导学生关注语言事业，积极运用专业所学解决现实生活中的语言问题，实现育德与育才相融合。其次，推进一流课程建设成效显著。课程评教分数进入全校前3%，学生反馈好，口碑高，多次得到教学督导好评。在无记名征求学生意见反馈时，学生普遍反馈课程学习收获大，同时真切感受课程温度，感受到教师无私奉献的高尚师德和对学生家人般的关爱。这一过程中凝练升华了学生对于语言文化的深切热爱，

---

[1] 韦春北. 把握好课程思政改革创新的四个维度[J]. 中国高等教育，2020（9）: 22-23+56.

厚植家国情怀，润物无声。最后，选课学生结合课堂所学选题，踊跃参与语言学相关专业竞赛取得优异成绩，在高水平学科竞赛中磨砺意志品质，提升实践能力。学生在与课程密切相关的征文、演讲、科研计划、大学生创新创业训练计划等人文社科类专业比赛中获得多项省级、校级奖励，成绩突出。

综上所述，基于新文科理念的"语言文化与社会"金课建设，需要教师在课程教学研究和实践中，坚持立德树人，寓德于课，改变教学思维，真正树立并实践以学生发展为中心的教学理念。重视学生主体作用的发挥，注重采用多种教学方法和教学模式，融现代教学技术于课堂，激发学生学习的主动性和创造性，不断提升课堂质量和教学实效，实现"语言文化与社会"课程教学铸魂与育才相融合的教学目标，培养德才兼备的创新型人才。

第二节　CDIO 理念下的"新文科专创融合训练与实践"教学改革

"新文科专创融合训练与实践"课是本科生通识课，它对于培养学生创新意识、创新思维和创业精神，提升学生实践能力具有重要意义。CDIO 教育理念是工程教育最新成果，它强调"做中学"和"基于项目的教育与学习"。CDIO 教育核心理念与"新文科专创融合训练与实践"课教学目标的实践性具有较高的契合性。我们以本科低年级通识选修课程"新文科专创融合训练与实践"为例，在 CDIO 教育理念指导下进行创新创业课程教学改革，以探索创新创业课的一流课程建设路径。

CDIO理念是近年来国际工程教育改革的最新成果。"CDIO"代表构思（Conceive）、设计（Design）、实现（Implement）和运作（Operate），它强调以积极、主动、实践、课程之间有机联系的方式进行学习。这种"做中学"的教育模式是一种将理论教育和实践教育紧密结合的教育理念。"新文科专创融合训练与实践"课是针对高校本科低年级学生开设的创新创业教育通识必修课，课程旨在启迪学生的创新意识、创新思维和创业精神，同时也强调培养学生基本的创新实践能力。基于CDIO理念与创新创业课程教学目标的实践特征具有一致性，笔者在"新文科专创融合训练与实践"课教学中，尝试以CDIO理念为指导，探索课程教学改革，建设创新创业教育的一流本科课程。

一、"新文科专创融合训练与实践"课教学的现状

根据笔者的调查研究和教学实践，"新文科专创融合训练与实践"课教学存在以下问题：第一，课程总体定位方面，过于重视普及创新创业基本理论知识，相对忽视了其作为通识课对于学生成长的意义和作用。第二，教学内容方面，所选内容与学生专业融合度不高，创新创业教育和专业教育融合需进一步推进。第三，教学方法方面，教学中仍然多以教师讲授为中心，忽略以学生为中心，充分发挥学生主体作用；教学方法相对单一，现代教育技术辅助教学有待加强。第四，实践教学方面，缺乏有效实践平台和组织形式，同时需进一步激发学生的参与实践教学的积极性。第五，考核评价方面，考试内容上过分重理论知识，相对忽视考察实践运用能力，与课程目标定位有差距；考核机制上仍然重期

末学习结果考察，轻学习过程评价。

"新文科专创融合训练与实践"课教学中存在的问题使得很难实现开设课程的初衷和目标，很难促进学生实践能力提升。为此，我们将近年来工程教育的最新成果 CDIO 理念运用于教学改革，切实贯彻"做中学"和"项目中学习"，以期提高课程教学质量和教学实效，为学生未来发展奠基。

二、CDIO 理念下"新文科专创融合训练与实践"课教学改革的探索与实践

归纳起来，在 CDIO 理念指导下，笔者所在课程组主要从以下五方面进行了"新文科专创融合训练与实践"课的教学探索和实践突破。

（一）教学理念重塑

在课程总体定位方面，笔者以广义创新创业教育理念和 CDIO 理念来统摄课程建设。"创新创业教育的重心在'教育'，创新创业教育的根本任务是'育人'。"[①]笔者认为，创新创业教育本质上是"价值创造"教育，旨在引领学生谋未来，创事业，成就人生。重在培养学生基于专业开创事业、开创未来所需要的品质和能力，是一种为学生成长奠基的素质教育。而面向本科低年级学生，作为通识类课程的"新文科专创融合训练与实践"应重在激发学生的创新意识，培养创新思维，启迪创业者精神，为高年级学习发

---

① 张建政，孙天玥，马瑞娜，等.高校创新创业教育刍议：概念、现状与路径思考[J].河北农业大学学报（农林教育版），2017（6）：49-53.

展打下基础，而不仅仅以传授创新创业基础知识，让学生了解创办企业相关常识为目的。"新文科专创融合训练与实践"课应是以广义创新创业教育理念为指导，重在启蒙学生创新创业意识和创业者精神，引导学生在实践中学习，在实践中发现问题，为高年级阶段研究问题、提出解决方案打基础的双创启蒙通识课。在课程教学标准中，强调以价值塑造、能力培养、知识传授为课程目标，强调知识目标和价值情感目标两者并重。如在创新思维与创业精神章节，不仅应强调创新思维、创新方法等知识的传授，更注重学生对创新创业意义的思考、对当代大学生责任与担当的审视和反思。课程既让学生对感恩回报、无私奉献等价值观产生共鸣，也为之后的实践奠定价值引领和情感基础。

（二）教学内容改革

基于创新创业教育理念和课程教学目标，笔者精心设计教学内容，探索"新文科专创融合训练与实践"课的"德融课堂"模式和专创教育融合发展，以"价值塑造"为目标，在遵循课程大纲基础上，选取具有丰富德育元素的案例和素材。如在讲解广义"新文科专创融合训练与实践"含义时，选取教育家毕生追寻教育理想的故事和语言学家的成长经历，启迪学生理解广义创新创业，让学生把执着、坚韧、锲而不舍的创新创业精神内化为心中的信仰和追求。同时，笔者着力探索专业教育和创新创业教育融合。创新创业教育仍然存在与专业教育"脱节"的实际情况，而只有与专业教育结合，创新创业教育才会有持久的生命力与长效育人价值。"实现创新创业教育和专业教育的融合是高校创新创业教育改革的必然趋势，是培养创新创业型人才的必然要求，是推动高校毕业生适应经济社会发展需要的必然路径。"[①]笔者在"新文科专创融合训练与实践"的课堂教学中,尽量选取和学生专业相关的例子和素材来深度分析讲解,深度挖掘案例素材中所蕴含的创新创业元素,激发学生基于专业发现问题的意识和热情;在实践教学中,注重设计与专业相关的活动,引导学生在专业前沿进行双创实践,推进创新创业教育与专业教育深度融合。

(三)教学方法改革

创新意识、创新思维和能力是学生在实践中学出来的,而不是单纯依靠教师讲授教出来的。"学校教育改革创新一定要以学生为本、以学生为中心。"[②]为此,在教学组织中,笔者将CDIO教育核心理念引入,强调以学生发展为中心,以学生为主体、教师为主导,采取小组研讨、小组汇报、小组论辩、小组竞演等多种方式,激发学生参与课堂的积极性,让学生在"做中学"的课堂实践中提升创新创业能力。同时,关注学生个性化学习需求,"在开展创新创业教育和实践过程中,尽可能地做到因学生而异"[③]。重视因材施教和课堂反馈,通过每次的课堂问卷和课后一对一交流,充分了解学生意见,及时调整教学方法,做到教学相长。再者,"在教育教学信息化智能化的时代,实施课堂教学模式的改革

---

① 朱晓东,顾榕蓉,吴立保. 基于CDIO理念的创新创业教育与专业教育融合发展研究[J]. 江苏高教,2018(2):77-80.
② 谢和平. 以创新创业教育为引导全面深化教育教学改革[J]. 中国高教研究,2017(3):1-5+11.
③ 陈爱雪."互联网+"背景下大学生创新创业教育的新模式探究[J]. 黑龙江高教研究,2017(4):142-144.

势必需要现代信息技术的融入"[①]。为此，笔者广泛采用新技术、新手段，增强课程对学生的吸引力；探索对分课堂模式、混合式教学改革等新的方式方法，提高学生课堂参与度；建设课程网络教学资源库，为学生提供更为丰富的课后学习素材；利用网络技术，建立课后师生交流平台，关心学生学习状况，突出对学生的人文关怀和针对性指导。

（四）实践教学体系改革

贯彻CDIO理念"基于项目的教育与学习"的思路，构建以学生课外研习小组为组织机制、学生科研项目和学科竞赛为实践训练平台、教师一对一精细化指导为制度保障的学生实践教学体系，引导学生在具体的双创实践项目中"做中学"；鼓励学生以实践学习成果为基础申报大学生创新创业训练计划和本科生科研项目，参加挑战杯课外学术科技作品竞赛、"互联网+"大学生创新创业大赛、挑战杯创业计划竞赛、全国大学生电子商务创新创意及创业挑战赛等高水平双创类学科竞赛；通过"新文科专创融合训练与实践"课实践教学体系的建设和完善，充分发挥学生科研项目和学科竞赛对学习的促进作用，让学生在科创竞赛的钻研实践中磨砺意志品质，提升实际能力。

（五）课程评价机制创新

在CDIO理念指导下，探索与教学改革相适应的考试内容改革，建立过程考核和期末考试相结合的评价机制。首先，探索期

[①] 聂晓霞，赵晓霞，范晓慧. 以学生发展为中心的本科课堂教学改革的探索与实践[J]. 创新与创业教育，2020（2）：123-126.

末考试内容的改革。"新文科专创融合训练与实践"原本就是实践导向的课程,为此我们在考试中尤其注重对学生创新思维、创新能力和实践能力的考查。考试从现实生活中选题,以主观开放式题型为主,侧重考查学生对知识的灵活运用能力;在评分标准设计中,不设唯一标准答案,提倡学生答出自己的创见,言之成理即可。其次,探索建立"课堂过程性考查+实践教学考查+考试评价"综合评价机制。突出实践教学和过程性评价两者所占比重,设立竞赛获奖加分项,相对降低考试成绩占比,激发学生过程学习的主动性,切实发挥课程评价机制对整个课程教学改革的促进作用。

三、CDIO 理念下"新文科专创融合训练与实践"课教学改革的成效

实践表明,探索 CDIO 理念下"新文科专创融合训练与实践"课教学改革对于提高创新创业课堂教学效果、打造一流课堂有着积极意义。

第一,有效提高学生自主学习的积极性,让学生有机会真正参与到课堂教学中,成为课堂主角,提高学习主动性和课堂学习效率。第二,激励引导学生探究性学习,启蒙问题意识,养成基础的创新思维和研究能力。激发学生运用所学知识的热情,在创新创业模拟实践中真正实现"做中学""学中思",强化创新实践能力的养成,助力学生成长成才。第三,学生参加高水平双创竞赛积极性提高,参赛作品与专业结合紧密,专创融合教育成效明显,学生参加创新创业竞赛获奖成绩极为突出,屡创佳绩。通过

课堂教学和实践训练孵化产生如"雄关漫道""寸草教育""爱芽公益"等一大批关注社会公益、彰显大学生情怀和担当的文创项目。第四，学生对课堂评价满意度显著提升，师生实现教学相长，课程组教师学期评教满意度居于全校前列。

"新文科专创融合训练与实践"课教学质量和教学效果的提高，需要教师以广义创新创业教育理念为指导，改变教学理念，更新教学内容；教学中，真正以学生为中心，关注学生学习特点，同时广泛运用现代教育技术，灵活采用多种教学方法；改革课程考试评价机制，突出实践教学过程评价，以不断提升教学质量，打造创新创业教育的一流课堂，实现课程目标，达到育人实效。

第五章

高校中文专业双创教育专创融合型专业课程建设研究

专创融合型专业课程主要是本科高年级阶段和研究生阶段所开设的高阶专业类课程，包括必修课和选修课，涵盖理论型课程和实践型课程。这类课程的建设中，课程组以双创教育深度融入专业教育的理念进行课程教学改革。本章主要以重庆市课程思政示范课"语言与文化""互联网+汉语国际教育实践"和"中国古代文学"三门中文专业课程为典型个案，探讨专创融合型专业课的教学改革的理论与实践经验。

第一节 "语言与文化"教学的改革探索与实践

在新文科理念下，课程组在专业选修课"语言与文化"课教学中探索建立"情感教学"模式，以"以情优教""以情促学"的理念，从课程标准、教学内容、教学方法、实践教学、考核评价标准和教师全过程育人等方面进行教学探索，打造有温度、有深度、有挑战性的一流课堂。

一、"语言与文化"建立"情感教学"模式的重要意义

（一）"语言与文化"课教学现状

"语言与文化"课是重庆市课程思政示范课，四川外国语大学一流课程，作为中文学院的专业选修课主要面向汉语言文学专业和汉语国际教育专业高年级学生开课。课程内容涵盖语言与文化现象、语言学理论和基础知识、语言与文化专题三大知识板块。通过本课程学习，学生能够了解和掌握语言和文化之间的关系，探求语言与文化相互之间的影响，初步掌握怎样通过语言现象去

研究语言背后的文化。在进行深度教学改革之前，根据课程组调查研究和教学实践，"语言与文化"课程的教学主要存在以下问题：第一，课程标准上，过分强调语言学相关理论学习这一知识传授目标，对于课程的价值引领目标和能力培养目标的重视程度有待进一步加强。第二，教学内容上，课程内容主要偏重从理论层面分析探讨语言与文化之间的关系，对实际鲜活的语言运用案例关注不足，相对缺乏引起学生情感共鸣的教学内容。第三，教学方法上，以教师讲授为主，相对忽视以学生发展为中心的教学理念，学生参与课堂的积极性有待提高。第四，实践教学方面，实践活动形式相对单一，对学生的能力培养程度有限。第五，对学生课后学习过程的关注与指导需进一步精细化。同时，在课程考核评价上，过分强调期末一次性考核，相对忽视对学生平时学习过程的关注和评价。总之，"语言与文化"课的教学应根据最新的新文科教学理念和以学生发展为中心的理念，深度探索教学改革与创新。

（二）"语言与文化"课建立"情感教学"模式的重要意义

结合"语言与文化"课教学中存在的问题，我们探索建立新文科理念下"语言与文化"课的"情感教学"模式，以激发学生学习主动性，提升课堂教学实效。"所谓'情感教学'，是指在教学活动中，教师围绕认知因素借助于相应的教学手段并通过语言、态度、行为等负载教师正性情感的教学变量来激发、调动和满足学生的正性情感需要和认知需要以促进教学过程的优化、教学效果的增强和教学目标的完善的教学。"[1]情感教学模式就是在情教

---

[1] 寇冬泉. 我国情感教学研究：特点、问题与前瞻[J]. 内蒙古师范大学学报（教育科学版），2006（2）：123-126.

学理念指导下，在情感教学心理学理论基础上形成的，以最大限度地发挥情感因素在教学中的积极作用为导向的，并配有相应的情感教学策略和情感目标评价的较为稳定的教学活动框架。具体说，它是在"以情优教"的教学理念下，在教学的情感系统观、教学的情感功能观、教学的情知矛盾观和教学的导乐观基础上，通过理论演绎和实践归纳相结合的途径构建的由四个要素（环节）组成的结构及其相应的程序。这四个要素就是诱发-陶冶-激励-调控。[1]具体到"语言与文化"课的"情感教学"模式，是指在"情感教学"理论指导下，课程组教师以培养学生对于传统语言文化的深厚情感、自觉守护和传承中华文脉为课程的核心价值情感目标；在教学内容中，注重中华优秀传统文化、社会主义核心价值观深度融入；在教学实施中，深度探索"以情优教"的教学模式和教学方法改革；在教学全程，教师以对学生亲人般的热爱和深情，情系学生，身体力行践行课程思政，以情化人，以情助学生成长。在"以情优教""以情化人"的理念指引下，通过教学核心环节的全过程系统改革，建立课程"情感教学"模式，以实现铸魂与育才相融合的教育教学。课程组教学实践表明，"情感教学"模式在提升"语言与文化"课学生学习积极性和参与度、提高课堂教学实效等方面具有重要作用。

二、"语言与文化"课主要教学内容

"语言与文化"课主要教学内容及安排如表 5-1 所示。

---

[1] 卢家楣. 情感教学心理学研究[J]. 心理科学，2012（3）：522-529.

表 5-1 "语言与文化"课主要教学内容及安排

序号	主要内容	基本要求	学时分配
1	导论 知识要点： 本课程性质、课程简介、本课程的教学目的和基本要求、本课程的主要内容及学时分配；语言文化与社会相关案例导入 教学重点及难点：引导学生掌握学期课程重难点，初步感知语言是一种文化现象，与社会发展紧密联系		2学时
2	第一章 语言文化与社会的关系（一） 第一节 语言与文化的关系 一、语言的定义 二、文化的含义 三、语言与文化的关系		2学时
3	第一章 语言文化与社会的关系（二） 第二节 汉语与中国文化研究的特点、意义和方法 一、汉语与中国文化研究的特点和意义 二、汉语与中国文化的研究方法	第一周至第四周为课程基本理论和基本方法板块	2学时

续表

序号	主要内容	基本要求	学时分配
4	实践教学安排：结合前三周所学内容查阅相关文献资料，学习国家级精品慕课相关章节，以小组为单位选题进行语言文化案例搜集和调查。 以小组为单位提交调研作业		2学时
5	第二章　汉字与中国文化（一） 第一节　汉字与中国文化的关系 一、汉字的历史 二、汉字与中国文化的关系 第二节　古汉字反映中国原始生活图景 一、远古的畜牧业 二、远古的贸易与货币 三、远古的农业社会 四、其他	第五周至第十四周为课程专题案例讲授与研讨实践板块	2学时
6	第二章　汉字与中国文化（二） 第三节　地名汉字与地域文化 一、地域用字差异："坨"与"沱"反映了南北用字差异 二、民俗用字差异：南方的地名汉字"塝"与"湾"有别		2学时

续表

序号	主要内容	基本要求	学时分配
7	第三章　词汇与中国文化（一） 第一节　从词语本义看古代物质文化 　一、词语的本义 　二、从词语的本义看中国古代物质文化 第二节　从词语本义看古代制度文化 　一、以血缘为纽带的宗法制度 　二、以传统伦理为基础的礼仪制度 第三节　从词语本义看古代汉民族心理文化 　一、一个民族的词汇和文法能揭示这个民族的心理素质		2学时
8	实践教学安排：线上学习精品慕课，搜集汉字与文化相关案例，提交学习心得和作业		2学时
9	第三章　词汇与中国文化（二） 第四节　从词语发展看社会文化 　一、社会发展和文化进步促使词语发展 　二、新时期汉语词汇发展的表现 　三、词语发展的文化意义及其价值 第五节　色彩词的文化引申义 　一、色彩词的含义 　二、色彩词的文化意义 第六节　数词的文化引申义 　一、数词的含义 　二、数词的文化意义		2学时

续表

序号	主要内容	基本要求	学时分配
10	第四章 从谚语和成语看中国文化 第一节 从谚语看中华民族文化 一、谚语的定义 二、谚语反映的主要内容 三、从谚语看中华民族文化 四、课堂讨论 第二节 从成语看中华民族文化 一、成语的定义 二、成语反映的主要内容 三、从成语看中华民族文化		2学时
11	第五章 姓名与中国文化 第一节 姓氏的来历 一、起源 第二节 《百家姓》简介 一、《百家姓》来源 第三节 人名系统与汉民族文化 一、汉民族人名的特征 二、人名类别 第四节 人名是民族文化的镜像 一、人名的民族文化内涵 二、课堂讨论		2学时

续表

序号	主要内容	基本要求	学时分配
12	第六章 地名与中国文化（一） 第一节 地名研究概述 一、地名与地名学 二、地名研究的历史与现状 第二节 地名与中国历史文化 一、地名的语言学特征 二、地名与历史文化		2学时
13	第六章 地名与中国文化（二） 第三节 地名与中国社会文化、民族心理 一、地名反映古人迷信活动和宗教信仰 二、地名反映中华民族对龙神崇拜的心理 三、地名寄托人民求安宁、求福寿的意愿 四、地名反映中华民族重宗族的社会心态		2学时
14	实践教学安排： 结合专题所学，自学线上慕课相关章节，以小组或个人为单位设计体验语言与文化的一项实践活动，进行基础调研和活动设计，形成活动策划摘要（800字以上），准备小组汇报。 实践教学要求： 提交小组实践成果材料		2学时

续表

序号	主要内容	基本要求	学时分配
15	第七章 语言演变和文化背景（课时一） 第一节 语言和文化共生共存 第二节 原始共同语的拟测和共同文化特征的追寻 第三节 方言的历史层次和文化浪潮的遗迹 第四节 现代方言区划与历史人文地理 第五节 语言微观演化的社会文化原因 第六节 方言的宏观演变的社会文化原因 第八章 语言文化应用与实践（课时二） 实践教学学时：语言文化项目展示提升与优化	第十五周至第十六周为课程理论总结和语言文化实践活动路演总结板块	2学时
16	语言文化实践活动路演 知识要点：语言文化项目模拟演示。 课堂安排：分小组展示所设计的语言文化实践活动项目。 教学重点及难点：结合学生展示，通过精准点评提升学生对语言文化理论的理解；将语言文化知识转化为实际运用能力		2学时

三、"语言与文化"课"情感教学"模式改革的实践探索

在"语言与文化"这门课的教学中,我们主要从以下六个方面进行了教学研究和教学探索,构建并实践"情感教学"模式。

(一)确立价值塑造、知识传授和能力培养三位一体的课程新标准

以新文科建设理念、一流课程"高阶性、创新性、挑战度"标准和"情感教学"理论为纲,深度研究和提炼"语言与文化"课程的德育元素,确立价值塑造、能力培养、知识传授三位一体的课程建设目标。研究确立具有德育元素深度融入的"语言与文化"课程教学新标准,编制教学大纲。在价值塑造目标方面,重在让学生深刻认识祖国语言文字光辉灿烂的悠久历史和重要影响,增强民族自信心和自豪感,坚定文化自信,进而更加珍视并自觉传承中华文脉;在知识传授目标方面,系统讲授语言与文化相关的基础理论和基本方法,侧重从文化角度对语言现象进行研究,揭示语言的文化特征;在能力培养目标方面,注重培养学生熟练运用所学方法和理论的能力,深入分析身边的语言现象及其背后隐藏的文化信息,研究语言与文化的关系,发现和解决相对复杂的语言与文化问题。同时,将价值塑造、知识传授和能力培养三者有机融为一体,将培养学生对祖国语言文字的深切热爱与坚定文化自信这一价值观深刻融于课程的知识传授和能力培养之中,讲授"有温度"的知识内容,培养"有情感"的实践运用能力,实现育德与育才相融合。

（二）深度挖掘教学内容的德育元素，注重教学内容的"情知合一"

"在教学过程中要把专业教学内容与思政教育元素融合起来，要像盐渗透在食品中一样，在专业课教学中把思政元素渗透到专业教学内容之中，起到潜移默化的滋润作用。"①根据课程新标准，课程组充分挖掘"语言与文化"课程思政内涵，在课程专业教学内容中深度融入社会主义核心价值观、中华优秀传统文化等德育元素。通过"情知合一"的教学内容，增强学生的家国情怀，筑牢学生理想信念，引领学生将个人梦想融入伟大的中国梦，实现"显性教育"与"隐性教育"的有机结合，实现塑魂与育才相融合。"语言与文化"课教学内容分为语言与文化现象、语言学理论和基础知识、语言与文化专题三大知识板块。在第一部分教学中，课程组精选符合课程"情感教学"目标的语言与文化故事或现象融入教学内容。如引入文化节目《典籍里的中国》伏生舍身护书的历史故事；范氏家族四百多年守护"天一阁"藏书的故事，注重引导学生深刻认知语言历史典故背后的鲜活情感和厚重人文。通过传承中华文脉的经典故事，以情感人，以情育人，激发学生对传统语言文化的赤子热爱，自觉肩负起守护传承中华传统文化的使命，厚植家国情怀。在第二板块教学中，课程组精选符合教学要求且有温度、有深度的教学案例，赋予语言学理论以温度和情感。如在汉字章节教学中，让学生观看《汉字五千年》《中国书法五千年》等纪录片片段，以此深化学生对"汉字是中华文化基石"

---

① 张大良. 课程思政：新时期立德树人的根本遵循[J]. 中国高教研究，2021（1）：5-9.

的认知和理解，让学生深刻体会汉字既是中华文化流传和发展的载体，同时自身的结构中又保存着重要的中华文化信息，深刻理解"优秀传统语言文化是民族文化的根与魂"。在第三部分语言与文化专题教学内容中，课程组深度挖掘语言背后所蕴含的人文意蕴和厚重情感，尤其启发学生理解语言背后感人至深的文化情感。如讲解"词汇与文化"专题时，以成语"雪泥鸿爪"为例，从成语背后的文化历史典故引发学生深度思考和深入讨论，让学生体会成语背后所蕴含的苏轼与苏辙的手足情深，体验那份血浓于水的厚重亲情，深刻寓价值观塑造于知识传授，充分实现教学内容的"情知合一"，以情化人。

（三）探索"以情优教"的教学方法改革与创新

与课程标准、课程内容相适应，课程组贯彻"以情优教"的理念，以涵养价值引领和学生核心素质培养的"情感教学"模式进行教学方法的改革。第一，建立小班化研讨式教学模式。小班化的宗旨是因材施教，加强对学生的个性化指导，让师生之间、学生与学生之间在课堂和课后有更充分的时间进行讨论和交流，实现对学生的陪伴式成长助学；提倡学生以团队合作的形式，小组讨论学习，以发展学生高阶思维，促进深层次学习，培养探究问题的能力。如在语言与文化专题板块教学中，让学生分组讨论对《机智过人》节目中的翻译机器人的看法，学生在课后查阅相关资料，汇总形成书面报告，课后教师精心指导报告的修改和完善，再让学生以讲演的形式汇报小组成果。第二，采取情浸式、体验式教学，让学生身临其境感受语言文化魅力。如组织学生分角色朗诵现代诗的经典代表作品；让学生设计并演绎体验汉字文化内涵的实践活动；让学生手书给汉语的一封信；让学生自编、自导、自演语言文化相关的情景短剧。通过丰富多彩的体验式教学活动，在知行合一的实践教学中升华学生对语言文字的热爱。第三，融现代教学技术于教学，实现现代教学技术与课程内容、教学安排的有机整合，增加课程容量，提高课堂效率，适时使用智慧教学工具，使教学内容更加形象生动，教学方法更加多元丰富；充分激发学生探究语言问题、创造性解决实际语言问题的积极性和参与热情，提高课堂学习质量。

（四）探索"情感教学"模式下实践教学的改革与创新

实践教学是"语言与文化"课堂教学的重要补充，也是贯彻"情感教学"理念的重要环节。开展多类型的实践活动有助于进一步激发学生的主体意识，增强他们的获得感和参与感，提升学生实践运用能力，实现情感价值塑造育人目标。首先，精心组织系列与课程相关的比赛，以赛促学，如举办征文大赛、读书会、地名大会等，尽可能扩大学生参与面。由教师全程辅导，让学生在有竞争的环境中磨砺意志品质，提升运用能力。其次，精心组织系列课程实践体验活动，如诗词吟唱、经典诵读等活动，让学生的专业素养在传统文化的路演展示中得到熏陶和提升，让他们真切感受语言文字之美，培养其对语言文字的热爱。最后，鼓励优秀学生以"语言与文化"相关选题参与教师科研项目，积极申报大学生创新创业训练计划、本科生科研计划，参加挑战杯课外科技学术作品竞赛等高水平科研竞赛，让学生通过参与科研实践，提升学术思维和研究能力。

（五）探索课程考核评价方式革新

考核与评价是教学的重要组成部分。为与"情感教学"模式改革相适应，课程组着力探索"语言与文化"课考核评价方式的改革。第一，改革考核评价机制。强化对学生学习过程的考核，淡化期末一次性考试成绩。课程综合成绩由学习过程表现评价和期末考试成绩两部分组成。其中学习过程评价占比50%，将学生从开课到期末考试前的出勤、课堂答问、课堂笔记、课堂作业、小组讨论、团队汇报、课后阅读等所有学习过程表现按一定比例纳入过程成绩，以此引导学生加强学习过程中的投入。第二，建立多元化的课程评价机制。将学生结合课程选题参与科研项目、本科生科研计划和竞赛的情况纳入综合成绩加分项，以此鼓励学生结合课程参与高水平的专业学科竞赛，进一步提升专业素养。第三，改革期末考试内容和评价方式。期末考试重学生综合能力考核，体现德育考核，相对淡化纯记忆性知识点考察，在期末考试中适当增加主观题比重，主观题尽量设置开放性试题，融入情感价值考核目标，且不设固定的标准答案，探索非标准化答案的评价模式，重在考查学生对专业相关的复杂问题探究思考的过程，鼓励学生提出自己的见解，启迪学生创新思维和创造意识。

（六）在教师无私奉献的言传身教中生动实践"情感教学"模式

新文科理念下的"情感教学"模式改革，教师是关键。教师是实践"情感教学"模式最重要的元素。为此，课程组在教学改革中，强调教师以高尚师德，无私奉献，全程育人，关注每一名学生全过程学习，以教师对教育的赤子之情和敬畏之心，对学生的热爱之情和仁爱之心，以"情感"温润每一名学生的成长，用为人师者的智慧光芒和身体力行的大爱奉献真正实现对学生的人文浸染，"以情促学"，具体做法是教师无私奉献，以对学生的真切关爱实践"情感教学"。教师在正式授课前的假期即建立下学期的课程群，通知该课程全体学生加入。教师每天在课程群中推荐相关学习资源，如推送课程相关的文章和教师对于推文的精准点评，以扩大学生的阅读量，开阔学习视野。假期中，教师通过课程群一对一为学生答疑解惑，及时解答他们专业学习和职业生涯发展相关问题，提前开启课堂。在教学中，教师以谦逊平等的态度教学，以知心朋友般的心态与学生相处，以家人般的细致入微关爱学生，包容学生的缺点和不足，及时肯定学生的进步与成绩，帮助学生发现学习的进步和闪光点；从鼓励的角度引导学生主动发现学习中存在的问题，积极探寻答案，让学生自主学习能力得到提升；在课后，深入了解学生最真实的学习状况、存在问题和学习需求，倾心做好答疑辅导；因材施教，一对一较为详细地反馈学生作业情况，有针对性提出改进建议；全程精心指导学生结合专业参加科研和创新创业比赛；在项目冲刺期间和学生并肩作战，一起冲刺更好的成绩；学期结束后，仍然一如既往地为学生耐心解答学习疑问、职业生涯规划、考学等问题。教师以对学生亲人般的关心和指导，以"情感"为线，拓展"语言与文化"课的长度、深度和温度。在教师有温度有光芒的言传身教中，师生真正建立相互尊重、相互信任的关系，双方都能获得惠及一生的珍贵情义。

四、"语言与文化"课"情感教学"课程案例

（一）课程章节信息

本节课程教学基本信息如表 5-2 所示。

表 5-2　课程教学基本信息

教材及章节信息	课程参考教材为《汉语与中国传统文化》（郭锦桴著，商务印书馆 2019 年 8 月重印），同时结合自编讲义。本节教学内容为第六章"地名与中国文化"，在第十四周第二节教学课时"地名文化的保护与传承"
学情分析	教学对象：课程授课对象为汉语言文学专业 2019 级学生。学习特点：课程为学生自主选课，学生已经有一定专业基础，学生思维活跃，学习积极性高
教学场所	智慧教室

（二）课程教学设计

本节课程教学设计主要信息如表 5-3 所示。

表 5-3　课程教学设计主要信息

教学目标	（1）知识目标：理解地名作为非物质文化遗产的语言学特征、历史文化特征。 （2）能力目标：分析地名反映民族文化心理和社会心态；运用所学自觉保护地名及其所承载的历史文化内涵。 （3）价值目标：以"六安"地名中"六"的读音之争以及"坨"与"沱"反映了南北用字差异两个案例让学生深刻体会地名是文化的活化石，是重要的非物质文化遗产，进而认识到地名用字贮录着丰富的语言、历史、地理、经济、民族、

续表

教学目标	社会等信息；将培养学生对祖国语言文字的热爱，坚定文化自信这一价值观引导深刻融于课程的知识传授和能力培养之中，讲授"有温度"的知识内容，培养"有情感"的实践运用能力，让学生进一步深刻认识祖国语言文字光辉灿烂的悠久历史和重要影响，增强民族自信心和自豪感，坚定文化自信，进而更加珍视并自觉基于所学专业传承中华文脉，实现育德与育才相融合
教学内容	（1）教学内容：典型社会语言生活热点案例：地名"六安"读音之争。 核心知识：地名作为非物质文化遗产的特点及地名文化保护的重要性。 典型知识案例：地域用字差异，"坨"与"沱"反映了南北用字差异。 （2）教学重难点：重点内容：以地名"六安"读音之争为例，谈地名作为非物质文化遗产保护的重要性；人文浸润式引导学生自觉以专业所学传承保护地名遗产，守护中华文脉。 难点内容：地名如何反映民族心理和社会心态；如何保护古老地名的历史文化信息。 （3）"寓德于课"的典型案例：在教学内容设计上，以语言文字知识、优秀传统文化为载体，深度融入德育元素，搭建起课程内容与德育教育联系的桥梁；注重融入学科前沿信息和生活中的实际语言运用案例，以加深学生对语言文字的热爱和情感，引导学生关切现实生活中的语言现象，培养发现问题、研究问题和解决问题的能力。

续表

| 教学内容 | 案例一:"六安"读音之争

最近一段时间,安徽省的一个地名引起了广泛关注,即六安市的"六"字究竟读"lù",还是读"liù",在网络中引起广泛热议和探讨。其实,这已经不是这一地名第一次引起大众关注了。"六安"读音之争早在 2016 年就因同样的争议上过"热搜",多年来关于这一地名的读音之辨,始终争论不休。似乎没有定论和标准答案。

地名是重要的文化遗产。"六安"一词作为地名始于汉代汉武帝时期,已有 2000 多年的悠久历史,它是文化的见证者和"活化石"。"六安"的所在地原本是一个古郡国名,作为地名的"六安"一词最早命名于西汉元狩二年(公元前 121 年),一说是取"六地平安"之寓意。岁月变迁,"六安"一地在行政区划设置中时有变化,如北宋时设置六安县,明清时设置六安州,1978 年设立六安市(县级市),1999 年升设六安为地级市,但作为地名的"六安"一直沿用至今。

在相当长的一段历史时间内,六安当地的老百姓、当地电视台都将"六安"读成"lù'ān",但在全国性的新闻播报中,"六安"却几次被读成了"liù'ān",这一矛盾成为读音之辨的"焦点",引发了社会广泛关注和热议。

一种观点认为,根据普通话的读音规则及最新规范字典中的标准,"六"已经只有"liù"这一个读音了,所以读"liù"才符合标准。也有人提出截然相反的看法,认为"lù"这个读音是当地方言一直传承下来的,地名读音应该"名从主人"读"lù"。还有人认为这是古音的遗留,代表古地名"六"所具有的特殊意义,跟数字"六"读音和意义完全不同,所以还是应该保留地名特殊性,读"lù"。 |

教学内容	那么这个字究竟该怎么读呢？这需要我们从历史的、社会的、情感的、心理的、语言的角度综合考量、探索，寻求答案，同时在这个求索的过程中去真切体会"地名是文化的活化石、地名是宝贵的文化遗产"这一观点的深刻性。 案例二："坨"与"沱"所反映的南北地名用字差异与不同的地理人文特征 地名作为重要的文化遗产，蕴含着历史的、文化的、民族的重要信息，是历史的见证者，是文化的"活化石"。 联合国在第5届地名标准化会议6号决议明确指出："地名是民族文化遗产。"汉语地名作为中华民族优秀传统文化的载体，历经数千年的积淀，有着极其丰富的文化底蕴，体现着强烈的文化色彩。汉字中有不少地名专用字，其中一些地名专用字表现出鲜明的地域文化特征。这些汉字的形、音、义均与历史文化血脉相连，生动镌刻着文化的印记。特别是有些地名汉字，反映的正是不同地域人民对当地的环境及地形地势的认知成果及认知差异。[①]"沱"与"坨"就是一组地名用字体现地域文化印记的典型案例。 地名用字"坨"与"沱"深刻反映出南方和北方在地名用字上的选择差异，以及用字差异背后不同的地理特征和人文意蕴： 一般而言，北方的地名中多使用"坨"字，少有写作"沱"的，如天津地名中的"王庆坨""东塘坨""西塘坨"等；而

---

① 周文德."沱"与"坨"地名的文化差异[J]. 中国地名，2012（4）：21.

续表

教学内容	在南方的地名中则多用"沱"字，较少看到用"坨"的。如重庆地名中的"牛角沱""明月沱""白沙沱"等。地名用字实则记录了自然地理环境的变化，记录了人类历史的发展变迁，反映了人们共有的价值观念、社会心态、审美情趣，反映了不同地域的不同风貌和不同特点，有着极其丰富的地域文化内涵。"沱"和"坨"的用字差异鲜明佐证了这一观点。 　　"坨"与"沱"都是形声字，声符都是"它"，形符一个字从"土"，另一个字从"水"。在北方地名中，称为"坨"的地方一般多在陆地高台，如前述举例的天津地名；在南方地名中，称为"沱"的地方多指水域，或者与江河等水流毗邻的地方，如前述举例的重庆地名。从土的"坨"反映的是北方平原，人们居住忌地势低洼处，往往择高台而居，所以，字形从"土"。① "坨"在《玉篇·土部》中的解释为："坨，地名也。"而作为地名专用字的"沱"，则与"坨"截然不同。从文字角度来看，"沱"是中国南方地区地名通名用字中一个很有特色的汉字；从词汇角度来看，"沱"是一个方言词。② "沱"在《说文解字》中的解释为："沱，江别流也。"可见"沱"与水流密切关联。"沱"本是四川境内长江的支流沱江的专有名称。作为地名通名用字的"沱"不是专有的江河名称，而是一个方言词。在西南官话中，"沱"指江河流速平缓的水湾地带或回水湾水域，引申后也包括回水湾流水域所在的陆上地块或邻近这个回水湾的陆上地域。③ 如前述重庆地名中带"沱"字的地名均反映了这样的地理水文特征。

---

① 周文德. "沱"与"坨"地名的文化差异[J]. 中国地名，2012（4）：21.
② 周文德. "沱"与"坨"地名的文化差异[J]. 中国地名，2012（4）：21.
③ 周文德. "沱"与"坨"地名的文化差异[J]. 中国地名，2012（4）：21.

续表

教学内容	生活在北方平原地区的人们倾向于选择陆地上高台的地方作为居住地，所以多带"坨"字的地名；南方则相反喜欢选择有江河水流的地方作为居住地，所以普遍使用带"沱"字的地名。这两个地名用字的差异即生动反映地域特征不同造就的心理的、文化习俗方面的差异。 　　故此，这两个汉字在构形上也明显不同，一字从"土"，一字从"水"。"沱"与"坨"在地名汉字用法上的南北差异，正是南北方人民对所处环境与地形地势的认知差异。[①] 　　"地名镌刻着岁月沧桑的痕迹，因而被称为研究历史的'活化石'。一个个地名就像一片片化石，记录着人们对自然地理现象、人文地理事物的认知、利用和改造的全部过程。"[②] 　　小结：地名是人类活动的产物，是约定俗成的语言符号，更是文化的典型体现。地名不仅仅是纯粹的地理现象，更是语言现象、文化现象和社会现象的综合体。地名中蕴含了极其丰富的文化信息和文化内涵，值得我们关注和探究。 　　（4）价值素养：本小节课时重点体现的价值素养主要有以下两点： 　　价值素养一：专业精神与责任担当 　　地名是一定地域的语言、文字标志，是语言中的专有名词，是人类历史的活化石。地名贮录着极其丰富的语言、历史、

---

① 周文德．"沱"与"坨"地名的文化差异[J]．中国地名，2012（4）：21．
② 华林甫：中华地名史话[M]．，北京：人民出版社，2018：02．

教学内容	地理、经济、民族、社会等信息。我国地域广袤,历史悠久,民族众多,是世界上地名数量最多的国家,堪称地名资源的"富矿"。不过,我国的地名研究与世界上的先进国家相比还有一定的差距。可以说,我国地名研究的"贫"与地名资源的"富"并不相称。在汉字研究领域里,地名汉字的研究一直以来都是相对薄弱的。地名汉字研究的成果相对较少,人们对地名汉字研究的关注度并不高,研究也欠深入。当今,保护和传承地名文化是我们当代大学生,尤其是语言类高校学生的责任与担当。 价值素养二:家国情怀与文化自信 语言文字是民族文化的根、民族文化的魂。汉字是中华文明的基石。地名汉字在汉字系统中占有相当大的比例,这些地名汉字大多具有一定的地域性。这些具有一定地域色彩的汉字,往往与方言词联系紧密,又具有一定的方言色彩,特别是地名专用字,是地域文化和地域历史的反映,具有较强的文化内涵。有些地名汉字在特定地域内通行,有特定的读音与意义。这些独特的地名汉字既是我们研究地域民俗和地域文化的宝贵资料,也是我们研究方言和古音的珍贵材料。在浸透着中华五千年文化的土地上,有众多古老的地名,它们大多具有丰富的文化积淀、历史厚重,是中华传统文化的"活化石",是中华文明史的见证,是宝贵的非物质文化遗产,是中华民族文化遗产的重要成员。在城市化进程高速发展的今天,我们更应珍视地名文脉。应对历史悠久的老地名有足够的"尊重",积极保护、自觉传承那些具有文化特色与内涵的老地名,延绵珍贵文脉,传承地名根脉,守护人类共有的精神家园

(三)"寓德于课"教学实施路径

在本次课教学中,我们坚持以学生发展为中心,以小班化组织课堂,力争实现更高质量的"教"与"学";融现代教育技术于课堂,探索混合式教学模式、体验式教学、沉浸式教学;采用学习通等智慧工具,综合运用翻转课堂、对分课堂等以学生为中心的教学方法,切实增强教学感染力,让学生在亲身参与中加深对语言背后所蕴含的文化的理解,加深对语言文字的热爱。如表5-4所示。

表5-4 课堂教学环节

课前	基于课程学习群和学习通平台布置相关预习任务。 在课程群和学习通平台,有针对性地推送地名文化相关文章和学习资料,让学生提前预习,做好知识铺垫
课中	采用多种教学法,辅以学习通等智慧教学工具教学。 (1)案例引入:"六安"地名之争。 讲述近期"六安"地名读音问题再次引发热议。引用教育部、民政部、安徽六安当地、央视等主流媒体等多方声音,并提出核心问题引发学生思考:"六"这个字为什么会有两个读音?"六"的读音"lù"只适用于地名吗?安徽六安地名的来源是什么?同时补充人名和地名的"名从主人"原则。 (2)小组讨论及发言。 以"对'六安'读音争论的思考"为话题,让学生在学习以关键词作答发表看法,之后让学生分小组的形式进行探究,最后每个小组选择一名同学总结本小组观点。对学生的回答采取非标准化答案的评判标准,即不做对与错的简单评价,鼓励学生有创见。

续表

课中	（3）教师小结现在"六安"的正确读音到底是什么。 播放《中国地名大会》关于古地名的案例片段，之后请学生一同朗读新华社评论《"六安"读音争议：请为文脉留一音》，总结古老地名的文化意义和文化价值，潜移默化引导学生自觉保护和珍惜中华文脉，保护地名非物质文化遗产。 （4）知识讲授案例二。 "坨"与"沱"反映的南北用字差异。引申总结：地名汉字的使用范围大多具有一定的地域性。这些具有一定地域色彩的地名专用字是地域文化和地域历史的反映，具有较强的文化内涵。 （5）课程回顾与总结。 回顾本次课所学内容并进行总结：中国的地名文化保护工作正在起步。地名研究正在从传统的地名考释中走出来，全方位的地名研究正在兴起，最重要的标志是语言学界对地名研究的关注和重视。对地名汉字的研究是语言学界关注的课题之一，除传统的研究字形、字音、字义等内容之外，更应注重揭示和挖掘地名汉字中蕴含的文化信息和民俗特征。在非物质文化遗产保护观念越来越强烈的今天，我们有责任和义务对地名汉字加以研究，对地名文化进行传承和守护。 （6）拓展学习资源推荐和作业布置。 拓展学习资源推荐：央视《中国地名大会》课题相关视频片段。 相关参考书目：《中国文化地名学》《汉语地名与多彩文化》等。 作业：请学生搜集地名实例，结合实例谈对"地名是非物质文化遗产"的理解，并按时提交，教师仔细批改后进行反馈

续表

课后	基于课程学习群推介、补充学习资源；以"师生学习共同体"延伸课堂。 第一，深入了解学生学习"地名与文化"专题的反馈，了解他们最真实的学习状况、存在问题和学习需求，倾心做好答疑辅导；第二，因材施教，一对一较为详细地反馈学生作业情况，有针对性地提出改进建议，记录作业情况，作为期末考察成绩依据。第三，构建"师生学习共同体"，教师全程精心指导学生结合专业参加"语言文字规范化大赛""征文比赛""重庆地名大会"等课程密切相关的学科竞赛；在项目冲刺期间和学生并肩作战，一起冲刺更好成绩
教学反思与总结	（1）课程亮点：课堂采用实际语言生活中鲜活的现实地名案例，寓思想政治教育于专业知识，引发学生思考，厚植学生守护传承优秀传统文化的情怀和价值观。 （2）持续改进方向："六位一体"寓德于课教学模式的不断改进和优化；专题课小组讨论环节学生参与度的细化考察；课前、课后培养学生自主学习能力的实效考察。

综上所述，新文科理念下的"语言与文化"课"情感教学"模式改革需要不断从课程标准、教学内容、教学方法、实践教学、考核评价机制、全程育人等方面进行教学研究和实践探索，真正实现"情感教学"在每个教学环节的融入与实施，以"情"促教，以"情"促学，推进"语言与文化"课育人育才目标的实现。

第二节 "互联网+汉语国际教育实践" "产-学-研-创"教学模式研究与实践

"互联网+汉语国际教育实践"是四川外国语大学中文学院面向汉语国际教育硕士生开设的专业选修课，是新文科背景下探索学生高阶能力培养的实践核心课。本课程为专业选修课，面向研究生二年级学生开设，总学时为20学时，1学分。课程立足于汉语国际教育专业学科使命和学科特点，通过讲授"互联网+"时代汉语国际教育的新特点和新变化，深度分析解读借助于互联网技术传播中华文化、教授汉语的典型案例，并指导学生进行相关模拟训练和演练实践，力图充分锻炼和提升本专业学生的教育教学知识储备和理论水平、实践能力、双语沟通能力、跨文化交际运用能力，充分激发本专业学生利用互联网技术传播中华文化、教授汉语的热情与勇气，参与相关科研创新竞赛和模拟实践训练，从而全方位提升汉语国际教育专业学生的实践创新能力。

三年来，课程探索"产-学-研-创"教学模式改革成效显著，学生在行业和学科竞赛获国家级、省级奖65项，成果突出。本节在已有教改基础上，突出新文科建设的价值塑造、学科交融、学以致用，加强与行业深度合作，进一步从课程的课程标准、教学内容、教学方法、实践教学和考核评价五方面研究和实践，培养具有家国情怀、高阶实践能力和创新能力的高素质复合型国际中文教育人才。

一、汉语国际教育专业实践类课程教学改革背景与现状

汉语国际教育是国家和民族的事业。推进这项伟大事业，核心是培养一流专业人才，关键要有一流人才培养体系。高素质师资缺乏一直是制约国际中文教育的"三大瓶颈"之首。汉语国际教育人才培养模式改革与探索是师资建设重点，其专业与行业特点所要求的实践教学更是人才培养过程的关键环节。在新文科建设背景下和疫情现实影响下，原有的实践类课程教学模式已无法完全适应多元需求的新形势，也无法充分满足用人单位对高素质人才的新要求。为此，进一步契合行业需求，深化产教融合，加强校企深度合作推进汉语国际教育实践类课程教学模式改革，是新文科背景下专业教学改革和现实环境影响的逻辑必然，具有重要价值和实践意义。

正是在上述背景下，我们在已有三年教学实践的基础上，与学院合作企业进一步深度合作，以本专业实践核心课"互联网+汉语国际教育"为范本，探索课程教学模式创新，推进"产-学-研-创"融合型的专业实践教育，培养更多深度契合行业需求的专业型应用人才。

综合文献梳理和调查研究，目前，本专业实践类课程教学模式大致有以下五种：一是包括校园实践、网络实践和异地实践的三级实践教学模式，以网络课堂实践和异地实践为特色；二是包括第一课堂、第二课堂和第三课堂的三课堂联动的实践教学模式，以校内外实践结合、三课堂有机联系为特色；三是包括课堂实践、校园实践、校外实践和海外实践四方面结合的实践教学模式，以海外实践为特色；四是包括课堂观摩、微格教室实践、实习基地

实践和网络教学实践四环节紧密结合的实践教学模式,以教学见习和教学实践为特色;五是包括汉语国际教育实践教学、涉外旅游实践教学和境外实践教学的多模式实践教学模式,以涉外交流能力培养为特色。

由此可见,不管哪种实践课程的教学模式,都在强调对汉语国际教育专业学生对外汉语教学技能的和跨文化交流能力的培养。对外汉语教学是一个研究语言教学的理论与实践的应用学科,它的教学内容是汉语言与中国文化,所以,它需要进行语言学尤其是汉语的研究。然而,既然是"应用",就说明这种研究"是从语言教学规律和语言习得的角度进行的语言研究,它较多地使用心理学的方法进行调查研究,也从教育学的角度研究教学规律"。在这一语言教学的背后,必须有多学科的理论作为支撑。基于这样的认识,再来看这个交叉性极强的特殊学科对从事这一工作的群体相关能力的要求,就再清晰不过了:一名优秀的对外汉语教师必须是具有扎实中文专业基础、优秀对外汉语教学技能、良好跨文化交流能力和外语应用能力、一定研究创新实践能力的综合性人才。培养汉语国际教育专业硕士,必须理论与实践并重,学用结合,充分重视实践教学。支撑学生实践能力培养关键环节的实践类课程也就必须创新教学模式,以推进学生实践技能的提升,培养高素质复合型涉外人才。

笔者发现,新文科理念下的"产-学-研-创"教学模式与汉语国际教育专业硕士的专业实践能力培养目标有很强的契合性。"新文科视域'互联网+汉语国际教育''产-学-研-创'四位一体教学模式研究"将为我们探索汉语国际教育专业硕士生实践类课程的教学模式构建提供崭新的思路。

二、研究汉语国际教育实践类课程的教学模式的理论和实践意义

研究和实践汉语国际教育专业硕士生实践类课程的教学模式具有极其重要的理论和实践意义,具体体现在以下两方面。

(一)理论意义

首先,在新文科理念下,从多学科角度探究汉语国际教育专业实践能力培养的内涵、规律和特点。其次,吸收最新的有关专业理论、教学理论、实践理论和教学管理理论研究成果,从多个角度解析汉语国际教育专业实践类课程教学模式的内涵、特征,构建实践课程教学新模式。最后,拟将与汉语国际教育专业学生实践能力培养目标具有高度契合性的教育理念"产-学-研-创"综合运用于实践课教学模式的研究之中,进一步开阔研究思路。同时,拟将专业竞赛、创新教育融入实践能力培养模式,构建多层次、立体化实践类课程教学模式。

(二)实践意义

第一,对专业本身而言,汉语国际教育专业实践能力培养研究是专业教育教学中急需解决的重点问题也是难点问题和热点问题,构建起适宜于学生专业实践能力的教学新模式,有助于进一步优化专业建设,适应新形势对本专业人才实践能力的要求。第二,对教师而言,能够进一步丰富实践课程的教学内容和教学手段,探索理论教学与学生实践一体化、理论与实践紧密结合、相互补益的有效路径,提高教学质量,改善教学效果。第三,对学生来说,加强和改进实践能力培养能够更好地促使他们做到知识、

理论和专业技能的统一,对接行业和现实需求,不断提升专业实践能力,成长为优秀的国际中文教师和跨文化交流人才。

三、"互联网+汉语国际教育实践""产-学-研-创"教学模式研究

在新文科理念指导下,以本专业实践核心课"互联网+汉语国际教育"为范本,探索课程教学模式创新,深度加强行业师资合作,进一步从课程的课程标准、教学内容、教学方法、实践教学和考核评价五方面研究和实践,建立"产-学-研-创"实践课教学模式,推进契合行业现实需求的实践教学。培养具有家国情怀、高阶实践能力和创新能力高素质应用型国际中文教育人才。

(一)课程标准建设

以课程"高阶性、创新性、挑战度"和企业、产业的需求为导向,以培养高水平与高能力的创新型、应用型国际中文人才为目标,修订教学大纲,完善课程标准。

(二)教学内容重构

与行业发展密切融合,重新规划和设计课程教学内容。理论部分重点将合作对外汉语教学机构的具体案例、设计方案有机融入课堂教学;实践教学部分模拟行业真实场景和真实案例,培养学生基于现实行业需求解决实际问题的能力。教学内容改革,课程主要内容、要求及学时分配如表5-5所示。

表 5-5 课程主要内容、要求及学时分配

序号	主要内容	基本要求	学时分配
1	第一次课重点：课程简介；互联网+时代汉语国际教育的特点与变化；基于专业创新开展实践的重要意义	了解学期课程安排；了解专业创新实践的重要意义	2学时
2	第二次课重点:互联网+汉语国际教育的实践的理论与方法（一）	掌握基本实践方法	2学时
3	第三次课重点:互联网+汉语国际教育的实践的理论与方法（二）	掌握基本实践方法	2学时
4	第四次课重点:互联网+汉语国际教育的实践案例分析与解读（一）	学会剖析案例特点，分析案例所解决的现实问题，探索案例新的发展方向	2学时
5	第五次课重点:互联网+汉语国际教育的实践案例分析与解读（二）	学会剖析案例特点，分析案例所解决的现实问题，探索案例新的发展方向	2学时
6	第六次课重点:互联网+汉语国际教育的实践案例分析与解读（三）	学会剖析案例特点，分析案例所解决的现实问题，探索案例新的发展方向	2学时
7	第七次课重点:互联网+汉语国际教育的实践案例的特点、成长方向与发展趋势	通过总结，发现问题，形成初步创意想法	2学时

续表

序号	主要内容	基本要求	学时分配
8	第八次课重点：实践训练，小组合作模拟设计汉语国际教育实践项目，撰写创意文案	调研分析，形成实践文案	2学时
9	第九次课重点：模拟设计案例汇报与分析点评	找出案例问题修改完善	2学时
10	第十次课重点：课程未来自主学习规划；本学期课程总结与复习	复习总结	2学时

（三）教学方法创新

探索与"产-学-研-创"型课堂教学改革相适应的教学设计和教学实施，将现代教学技术深度融于课堂教学改革。课程的教学设计遵循突出以学生学习为中心，从关注教到关注学，从关注知识传授到重视能力培养和素质培养的教育理念，坚持面向全体、注重引导、结合专业、强化实践的原则，遵循教育教学规律，坚持理论讲授与案例分析相结合、小组讨论与角色体验相结合、经验传授与实践训练相结合，把知识传授、思想碰撞和实践体验有机统一起来，调动学生学习的积极性、主动性和创造性，不断提高教学质量和水平。

在实际教学过程中，采用真实案例启发学生对现实问题的思考，引导学生发现问题、提出问题、分析问题、解决问题的教学方法。分组讨论、探究式教学方式调动学生的自主性学习，结合推荐书目自学拓展学习时间与空间；通过在校内组织开展实践项目设计、参与研究生创新实践大赛以及参与学生教学实践活动，通过在校外组织开展实习实训、参观访谈等活动,将课堂知识与专业实践紧密结合起来,培养学生在实践中运用所学知识发现问题和解决实际问题的创新能力和高阶实践能力。

(四)实践教学改革

探索"科学研究+语言产业+创新实践"相融合的课程实训体系。依托国家社科基金重大项目、国家社科基金项目等科研项目,充分发挥教师科研优势,引导学生结合所学专业参与科研成果转化和开展创新实践,提升学生创新实践的含金量和成功率;校企合作开办语言教学、语言产业等专创融合型实践训练营,进行重点培养和深度辅导,密切对接行业现实需求。

(五)课程考核评价革新

改革课程成绩评价机制,形成"课堂学习+实践实训+实践成果"全面综合课程成绩考核机制,将学习成果是否满足企业需求、行业需求作为考核重要标准,以平时成绩(40%)和期末考查(60%)综合评定课程成绩。

四、"产-学-研-创"教学模式的特色与创新

在新文科理念下,研究实践"互联网+汉语国际教育""产-学-研-创"教学模式,突出新文科建设的价值塑造、学科交融、学以致用,以"思想铸魂""实践育才""创新赋能"为鲜明特色。思想铸魂:坚守"立德树人"根本,将思想政治教育"寓"于专业教学全程;实践育才:紧密对接行业需求,围绕优秀汉语国际教育人才所必备的中文基础、对外汉语教学技能、中华才艺素养和

研究创新能力等核心能力，重塑教学模式和教学组织；创新赋能：以广义创新教育为特色，以"师生共同体"深耕学生高阶实践能力培养，提升学生基于专业的创新创造能力。

第三节　新文科视域下"中国古代文学"互动式教学初探

"中国古代文学"作为高校中文专业的基础课程，其教学方法的改革探索是一个值得关注的重要课题。在新文科建设背景下，本节拟结合亲身教学实践，对在"中国古代文学"课程教学中运用互动式教学法做一些初步的探索和思考。

中国古代文学是中国五千年优秀传统文化的艺术结晶，其内容深邃广博，在教学过程中如何让学生更多地参与进来，真切感受古代文学的艺术光辉，是一个值得思考和探索的问题。为此，我们在教学中尝试采用互动式教学法，即改变教师单向传授知识的教学模式，变为教师传授与学生参与相整合的师生双向互动型教学模式，并注意灵活运用多种教学方法，提高课堂教学效果。

归纳起来，我们以新文科理念对课程教学的最新要求为指导，主要从以下六方面对课堂教学做了改革和探索。

一、采用课堂"双主"教学模式，让学生"唱主角"

文学作为一种特殊的形式，重在有读者的参与和交流。没有读者的参与、解读和接受，文学将不复存在。开设文学课也就是要把这些优秀作品通过知识的传授、环境的熏陶和自身的实践内化为读者自身的气质和修养。所以，文学课上，学生的参与显得尤为重要。传统的以教师讲授为中心的模式一定程度上限制了学生的思维和创造空间。为此，我们尝试采用双主教学，充分发挥学生的主体作用，力争为他们提供一个阅读和思考的场所。

实施双主教学，我们主要采用了两种形式：一种是采取课堂讨论形式。先在课前给学生布置相关的作品和参考资料，同时列出思考题目，上课时再加上分析作品时引发的问题来带动和组织教学。比如在讲授汉乐府《孔雀东南飞》前，我们要求学生读作品的同时考虑这两个问题：一是《孔雀东南飞》的悲剧成因：焦母为什么要逼迫焦仲卿休掉兰芝；二是焦仲卿是不是真的软弱。这两道题很具体，也能引发学生的兴趣和思考，然后再在课堂教学中引出一系列关于此话题的讨论。

另一种就是开展专题讨论，可以联系国内学术界的热点问题来进行，比如就《三国演义》虚实相生的艺术手法进行探讨。在教师指导下，学生先在课外广泛收集相关研究资料，并对资料加以筛选、提炼和吸收，独立思考，写发言提纲，参加小组讨论；小组选出代表，参与班级讨论。在整个过程中，学生的分析能力得到明显提高。

二、切实突出文学作品的重要性，引导学生回归原典

我们结合每学期的教学重点，给学生开列必读书目与参考书目，同时规定了一定量的背诵作品和选背作品，并以适当的方式考核，比如在先秦文学教学中，要求学生背诵《诗经》中的经典篇目15首，包含《关雎》《蒹葭》等诗篇。

同时，为指导学生有效地阅读，我们在给学生开列课程必读书目的同时，着重引导学生根据自身的特点和兴趣爱好进行"个性化"阅读，并鼓励学有余力的学生进行研究性阅读；采取课前演讲的方式，让学生上讲台谈读了作品后的心得体会，鼓励他们讲出自己的个性化的观点和感悟，培养他们独立思考的能力与创新精神。

三、以课堂即时评论、论文撰写等形式，训练学生写的能力

写作训练围绕以下两方面进行。

一是课堂即时评论，主要结合课堂教学内容进行。比如我们在讲授诗词鉴赏专题后，选择一首唐诗让大家当堂写鉴赏评论。又如在介绍苏轼、辛弃疾两位大家后，让大家比较苏辛词风的异同。再如观看古代文学相关影片后，让大家写心得感想。

二是学期论文撰写。论文撰写是学生综合能力的体现，为此我们每学期均采取开列参考题目和学生自选题目相结合的方式，布置论文撰写。

四、充分应用现代教学技术，丰富课堂内容

时代和科技的发展促进教学技术的不断升级。现代化的教学手段，融音乐、绘画、影视于一体，信息量丰富。把现代教学手段引入古代文学教学，能扩大授课容量，增强学生的学习兴趣，取得突出教学效果。

为此，我们充分推进现代教学与古代文学课程相整合：比如

精心制作了课程的多媒体课件，把需板书的重要内容通过幻灯投影，穿插适量的图片、音乐。这样既精简了课堂讲授的时间，同时也带给学生以形象、直观的感受。再如组织学生观看古代文学相关影视作品，比如讲授先秦诸子散文时可以播放《中国古代文化先贤》；讲唐诗时可以播放《唐之韵》；再如介绍汤显祖的剧作时，可以播放昆曲《牡丹亭》；等等。

五、利用即兴朗诵、课本剧等形式，引领学生感受艺术

一是通过课堂即兴朗诵，培养学生的表现力。比如我们在教授唐诗宋词时，就采取了齐读、诵读、吟唱等多种方式。试图以此将学生带入文学作品的情境中去，让他们感受文学之美，从而激发学习的动力。

另一有效的方式是组织学生进行课堂剧的表演。古代文学中的戏剧和小说生活气息浓厚，最适合改编成课本剧。比如讲授戏曲部分的时候，我们就精选其中适于表演的作品，让学生改编成剧本，自导自演。

六、改革考试方法，让互动教学模式得到有力支撑

与互动教学模式配合，我们尝试考试方法的改革，进一步提高学生在课堂上的参与度和积极性。一是改革考试方式，采取了课前演讲、课堂讨论、学期小论文与期末考试相结合的综合评定成绩的方式，即课前演讲等过程学习成绩占50%，期末考试成绩占50%，这样就进一步突出了课堂教学的权重。二是改革考试内容，在期末考试增加开放性试题，尤其是文学鉴赏类题目的分量，

而这类试题均只设置参考答案,提倡学生说出自己的见解。

综上所述,新文科建设背景下,在"中国古代文学"教学过程中,我们应着力改革创新传统教学模式,进一步提高学生的积极性和参与度,不断优化课堂教学效果,真正做到教学相长。

第六章

高校中文专业双创教育实践教学体系研究

实践教学作为高校人才培养的关键环节，在培养学生的创新创业能力方面起着非常关键的作用，把"双创"型人才培养融入高校实践教学中，从"双创"的视角来探讨高校的实践教学模式问题与改革措施具有很强的现实意义。[1]创新创业教育的本质在于提倡实践，实践教学是创新创业教育不可或缺的重要组成部分。本章重点以中文类专业国家级一流专业建设点汉语国际教育专业为例，探索中文专业双创实践教学改革，构建"三层次、四模块、四平台"的示范性实践教学体系，同时探讨汉语国际教育专业专创融合的路径与方法，再以双创菁英书院班的建设与实践为典型案例阐释中文专业实践教学的创新尝试。

第一节　CDIO 理念下汉语国际教育专业实践教学体系研究

汉语国际教育专业作为一门应用性较强的专业，实践教学是不可或缺的关键环节，对人才培养有着极其重要的意义。CDIO 教育理念是近年工程教育教学改革的重要成果，强调"做中学"与"项目教学"，以"构思、设计、实施及运作"全过程为载体形成新的人才培养模式。CDIO 教育理念与汉语国际教育专业学生的实践能力培养目标有较高的契合性。这一节采用 CDIO 核心教育理念，探索构建汉语国际教育专业"三层次、四模块、四平台"的实践教学体系，以促进汉语国际教育专业学生专业核心技能的凝

---

[1] 安冉."双创"视角下地方财经类院校实践教学模式改革研究[D]. 济南：山东财经大学，2017.

练升级,培养高素质复合型汉语国际教育专业人才。

一、CDIO 理念下汉语国际教育专业实践教学体系概述

(一)汉语国际教育专业实践教学体系研究的重要意义

随着对外汉语教学在全球范围的持续升温,高素质对外汉语教学师资需求量也大为增加,这对以培养对外汉语教学师资为目标的汉语国际教育专业的人才培养质量提出了更高要求。汉语国际教育专业作为一门应用性强的专业,实践教学是不可或缺的关键环节,其关乎学生专业核心实践技能的养成,进而决定学生是否能够真正胜任对外汉语教学工作。因此如何建立本专业科学的实践教学体系,促进实践教学的有效开展,推进学生专业实践能力提升,是汉语国际教育专业实践教学亟待解决的重点问题,也是难点和热点问题。一名合格的汉语国际教育教师必须是具有扎实中文专业基础、较强的对外汉语教学技能、良好的中华才艺基础和一定研究创新能力的综合性人才。培养汉语国际教育专业学生,必须理论与实践并重,学用结合,强调在"做中学"与"基于项目的教育和学习",也就必须要有全面科学的专业实践教学体系,以推进学生专业实践技能的提升,培养高素质复合型涉外人才。结合教学研究实践,我们在四川外国语大学中文系汉语国际教育专业探索构建 CDIO 理念下汉语国际教育专业"三层次、四模块、四平台"实践教学体系(以下简称汉语国际教育"三四四"实践教学体系)。

（二）CDIO 理念下汉语国际教育专业实践教学体系概述

汉语国际教育专业"三四四"实践教学体系是指围绕培养汉语国际教育专业学生扎实中文专业基础、较强的对外汉语教学技能、良好的中华才艺基础和一定研究创新能力这四个能力目标，构建"三个实践能力层次""四个项目化实践教学模块"和"四类实习实训基础平台"三位一体相互融合、相互促进的汉语国际教育专业实践教学体系。首先，"三四四"模式的三层次是指将学生所必备的专业技能分为三个层次，包括专业基础层次、专业技能提升层次和专业技能运用层次。"三层次"贯穿大学四年始终，分阶段实施，每阶段各有侧重。同时，三层次贯穿对应于每一模板的实践教学项目。其次，"四模块"指将实践教学内容分为中文专业基础、对外汉语教学技能、中华才艺基础和科研实验四大能力模块。每一模板有相应的实践子教学项目，以"项目化"实践教学强化对应的实践能力养成。最后，"四平台"指构建基于 CDIO 核心教育理念"做中学"的四类系列实习实训平台，包括系列专业实验室、系列专业实习基地、系列专业学生社团和专业学科竞赛等实践平台。

二、CDIO 理念下汉语国际教育专业实践教学体系构建

课题组以 CDIO 理念"做中学"与"基于项目的教育和学习"核心教育理念为基本原则，始终把专业基础、语言教学技能、传统才艺基础和科研创新能力的训练培养作为实践教学重点，从以下方面构建汉语国际教育专业"三四四"实践教学体系。

（一）建立汉语国际教育专业实践教学的三层次

根据学校外语院校的特色和专业特点，可以将学生所应具备的专业技能分为三个层次，包括专业基础素质层次、专业技能提升层次和专业技能运用层次。"三层次"贯穿大学四年始终，以大学一、二年级强化专业基础素质培养。大学三年级强化专业基础技能提升，大学四年级强化专业技能运用实践为目标分阶段实施。三层次同时贯穿于每一模板的每个实践教学项目，即每个实践教学项目都一一对应到基础层次、提升层次和运用层次三层次来设计实施。

（二）建立基于CDIO项目教学的实践教学四模块

以汉语国际教育专业人才培养所必备的素质为要求，将实践教学内容分为中文专业基础、中华才艺基础、对外汉语教学技能和科研实验四个能力模块。每一模块有对应的系列实践教学项目，每一系列项目由一项主题实践活动（基础层次）、一项院系品牌竞赛（提升层次）、一项跨校际高水平学科竞赛或实践活动（提升层次）和系列实习实训活动（运用层次）组成。

具体而言，在中文专业基础能力模块，以培养汉语国际教育专业学生写作能力为目标，依托写作课程实践教学和写作系列竞赛开展，具体来说，由基础层次的写作训练实践活动、提升层次的系级"青春筑梦"征文竞赛和市级"中华魂"主题征文比赛，以及运用层次的校内外写作类专业岗位实习实训组成。

在中华才艺基础能力模块，以培养汉语国际教育专业学生传统文化素养，激发学生热爱和传承中华优秀传统文化为目标，依托中文系传统文化体验中心开展活动，由基础层次的中外文化交流月系列实践活动、提升层次的中文系中华才艺竞赛和市级高水平书法竞赛，以及运用层次的戏剧之夜晚会等传统文化艺术实践活动组成。

在对外汉语教学技能模块，以培养学生语言教学技能、跨文化交流能力和提升外语水平为目标，由基础层次的留学生课堂教学观摩活动、提升层次的中文系汉语国际教育教师模拟大赛、参加汉语国际教育教师资格证考试，以及运用层次的学校留学部实习或海外实习基地实习组成。

在科研实验能力模块，以培养学生基于专业的研究运用能力为目标，依托中文系大学生创新创业训练中心来开展实践教学，由基础层次的未来与发展系列实践活动、提升层次的中文系科创品牌竞赛和全国挑战杯课外科技学术作品竞赛，以及运用层次的学生参与教师科研、学生参与创新训练等科研学术实践活动组成。

四模块根据学生所处年级，有侧重地运用。中文专业基础和中华才艺基础模块着重针对大学一、二年级学生；对外汉语教学技能和科研实验模块着重针对大学三、四年级学生，让实践教学贯穿人才培养全程。同时，通过教师一对一动员鼓励和全程指导，强调实践活动的学生参与覆盖率和有效性，确保每一名学生都能从中得到切实锻炼提高。

（三）搭建贯彻CDIO教育理念的四类实训平台

为了给学生实践提供平台保障，课题组着力构建四类实习实训平台：第一类是系列专业实训实验室；第二类是系列专业实习基地；第三类是系列学生社团；第四类是学科竞赛体系。通过这四类平台的有机整合运用，贯彻CDIO"做中学"核心教育理念，鼓励学生参与中文专业基础能力训练、中华优秀传统文化学习传承、对外汉语教学实习、科研实践和志愿服务等活动，同时强调教师的指导和参与，以期在老师的精心辅导下全面提升学生专业实践能力。

通过实践教学层次、实践教学内容和实践平台的科学建设和整合运用，形成符合汉语国际教育专业特点的实践教学体系。

三、CDIO 理念下汉语国际教育专业实践教学体系主要特点

归纳起来，汉语国际教育专业"三四四"实践教学体系具有以下四方面突出特点。

（一）CDIO 教育理念融入专业实践教学

CDIO 教育理念是近年国际工程教育改革的最新成果。CDIO 代表构思（Conceive）、设计（Design）、实现（Implement）和运作（Operate）。它强调以主动的、实践的、课程之间有机联系的方式学习研究。这种"做中学"理念下的教育模式是一种将实践教育与理论教育相结合的教育理念，其能力目标与汉语国际教育专业所强调的人才素质要求存在相当高的契合度。基于 CDIO 教育核心理念，我们在培养学生时，强调以学生为主体，教师为主导；强调学生在项目化的实践教学中提升专业实践能力。

（二）实现了育人与育才相融合

将"中华魂""青春筑梦"等理念融入中文专业基础、中华才艺基础等实践教学模板。引领学生在专业实践中增长智慧才干，

锤炼意志品质，培养有理想、有本领、有担当的热血青春力量，培养"铁肩担道义，妙手著文章"式的精英良才，为国际汉语教育推广事业注入有强烈家国情怀的新鲜血液。实现了育人与育才的完美结合。

（三）将学科专业竞赛体系构建作为实践教学体系的重要组成部分

学科竞赛是培养大学生专业创新实践能力的重要载体和有效途径，对于培养大学生创新思维、创新意识和创业精神，提高学生的实践能力，促进高校教育教学改革发挥着不可替代的重要作用。为此，我们将学科专业竞赛体系作为本专业实践教学体系的重要组成部分，建立"专业学科竞赛—专业相关文体竞赛—创新创业系列竞赛"的竞赛内容分类、"院系品牌竞赛—校级竞赛—市级竞赛—国家级竞赛"四层次的竞赛层级体系和师生参与竞赛的激励保障机制。鼓励学生广泛参与各类竞赛，尤其是影响广泛的高水平竞赛，探索以高水平学科竞赛为载体推进学生创新实践能力培养的有效路径。

（四）精细化、人文化指导学生发展

在实践教学组织指导中，重视因材施教，强调以学生学习实践为中心，尽量满足学生的个性化学习要求；以"一对一导师制""朋辈教育导师制""班级导师制""项目指导教师制"等多种指导方式相结合，探索精细化全面指导学生，及时解决学生实践中遇到的困难和挑战，及时给予学生实践效果以评价与反馈，在教师的言传身教中，在教师的倾心指导与人文关怀中，实现对学生的

精细化指导和人文浸染。

实践证明,CDIO理念下的汉语国际教育实践教学体系拓展了实践教学内容,丰富了实践教学方式方法,能有效提高学生学习的主动性、积极性和创造性,增强师生间的互动与交流,促进学生专业实践能力提升。实践教学体系自运用以来,成效明显。首先,学生参加专业学科竞赛成绩极为突出,综合实践能力显著提高。尤其是高水平专业竞赛获奖成果丰硕,在国家级、市级竞赛屡获大奖,达到全市同类专业较高水平。其次,学生专业实践能力明显提升。毕业生积极报考汉语国际教育教师志愿者,录取率高,专业就业对口率高。再次,学生就业能力提高,毕业生就业质量逐年提升,毕业生就业选择多元化特征明显。最后,实践教学体系建设助力一流专业建设,助推专业学科美誉度不断提升,汉语国际教育专业人才培养质量广受好评。

第二节 汉语国际教育专业创新创业教育专创融合实现路径研究

采取有效途径促进高校创新创业教育与专业教育深度融合,把创新创业教育贯穿人才培养全过程,培养专创融合型人才是目前推进双创教育的重点和难点。这一节以中文类专业"汉语国际教育"的专创融合教育实践为研究个案,主要探讨汉语国际教育专业教育和创新创业教育有机融合的实现路径,探索将专业知识传授与创新创业训练有机结合专创融合的一般规律和有效途径。

一、汉语国际教育专业创新创业教育专创融合的重要意义

汉语国际教育专业是一个研究语言教学理论与实践的应用学科，属于中国语言文学类本科专业，培养具备扎实中文专业基础、良好跨文化交流素质和外语应用能力、优秀对外汉语教学技能和中华才艺基础，能胜任汉语国际教育等相关工作的复合型中文学科专业人才。汉语国际教育专业本身的应用性、综合性决定了专业实践教学是人才培养中不可或缺的关键环节；创新创业教育以培养大学生的创新精神、创业意识和创业实践能力为本质，最终是培养能发现问题、解决实际问题的高素质创新型人才。我们发现，汉语国际教育专业人才培养目标和创新创业教育培养目标本就具有高度的契合性。将汉语国际教育专业教学与创新创业教育两者有机融合，一方面能推进创新创业教育，另一方面也能深化专业教育教学改革，培养学生基于专业发现问题、解决问题的能力，进而全面提升学生创新实践能力，造就高素质复合型人才。

具体而言，推进专创教育融合有以下重要意义。第一，探索专业教育与创新创业教育深度融合的有效路径是进一步深化汉语国际教育专业创新创业教育改革发展，将创新创业教育贯穿人才培养全过程的内在需要。大学生创新创业教育以全体大学生为教育对象，以理论课程教学与实践活动指导相结合为主要载体，课堂教学始终是创新创业教育的主渠道。只有真正将创新创业教育融于人才培养的全过程，真正融于专业课堂教学中，才能找到深化创新创业教育的着力点和突破口，创新创业教育才会有持久的生命力与长效育人价值，才能真正实现创新创业教育的人才培养目标。第二，探索专业教育与创新创业教育深度融合的有效路径

是推动专业自身改革、培养复合型拔尖创新人才的现实需要。首先，对专业本身来说，汉语国际教育专业实践教学改革本就是专业教育教学中重点问题，也是难点问题和热点问题。将创新创业教育深度融于专业教育，有助于进一步优化专业建设，推动专业实践教学体系的改革，促进实践教学与社会现实需求更为紧密结合，进而构建起更加全面科学的实践教学体系；其次，对于教师而言，专业教育和创新创业教育融合，能够进一步丰富教学内容和教学手段，提高教学质量，改善教学效果；再次，对于学生而言，专业教育和创新创业教育融合，能有效提高学生学习和参与实践的主动性、积极性和创新性，更好地帮助他们做到知识、理论和专业技能的统一，培养基于专业发现问题、解决问题的能力，成长为高素质复合型专门人才。

基于专业教育和创新创业教育融合具有极其重要的理论和实践意义，为此我们在我校汉语国际教育专业建设中研究，如何在创新创业教育中深度融入专业元素，如何在专业知识传授中深度融入创新思维培养，如何在专业实践教学中深度融入创新创业能力训练，如何在创业教育中突出专业特色，着力引导学生在本专业前沿进行双创实践等系列推动专创教育深度融合的教学改革举措，以期初步探索汉语国际教育专业深入开展创新创业教育的有效路径和专业复合型拔尖创新人才培养的实施策略。

二、汉语国际教育专业创新创业教育专创融合实现路径探索

（一）汉语国际教育专业创新创业教育现状

目前，汉语国际教育专业创新创业教育中仍存在以下问题：

创新创业教育理念需进一步革新；创新创业教育与专业教育相对"脱节"，专创融合型课程建设需推进；创新创业教育课程师资、竞赛师资建设需加强；科研竞赛和创业类竞赛需要融合发展；学生参与创新创业竞赛实践积极性需提升，创新创业教育文化氛围建设应强化……

（二）汉语国际教育专业创新创业教育专创融合实现路径探索

为进一步推进汉语国际教育专业专创融合，结合学校特色和专业特点，近四年我们重点从以下五方面做了系列改革探索。

1. 加强汉语国际教育专业创新创业教育顶层设计，凝练具有专业特色的双创育人理念

双创教育理念是推进双创教育的关键要义。我们以"双创教育融入人才培养体系，融入教育全过程"为指导，以广义"创新创业"理念来凝练双创教育理念。坚持双创教育是引领学生谋未来、创事业，成就人生的教育，其本质上是提倡一种从专业出发、以发现实际问题为基础、解决实际问题为目标，进而最终实现"价值创造"的教育，是一种新的素质教育。双创教育应面向全体学生，贯穿培养全程，同时坚持创新创业的教育导向和育人本质。

2. 实现汉语国际教育专业双创教育的"三融合"模式

首先，坚持创新创业教育与专业教育融合发展。将创新创业教育纳入专业培养体系，优化人才培养方案，以课程建设为核心推进创新创业教育。开设"专创融合"通识型课程，普及创新创业基础，如开设"汉语国际教育专业创新创业理论与实践""互联网+汉语国际教育实践""创新创业导论""创新创业训练"等课程。

建设"专创融合型"示范课程，贯彻以学为中心的理念，将培养创新创业能力融入专业课教学，挖掘每一门课程的创新创业教育元素。如专业选修课"语言与文化"引导学生关注语言应用类文创项目，如中华才艺课，鼓励学生以创新项目的方式来传承推广中华优秀传统文化，如"语言文字应用"课，引导学生关注语文生活，关注语言现象，针对语言运用的实际问题进行调查研究，提出解决方案。探索专业课考核评价方式改革，注重对学生运用实践能力的考查，采用案例设计类题目激发学生创新思维。同时，在创新创业竞赛项目指导中，鼓励学生从专业出发选题参赛，孵化与本专业契合度高的学生文创成果。其次，坚持思想政治教育与双创教育融合。鼓励学生将创新创业梦与服务社会融合发展，促进他们从学生思维到社会思维的发展，引导他们关注社会热点现实，关切公益双创，在实践中筑梦成长。最后，坚持学生创新创业与教师科研融合发展。出台教师指导学生创新创业竞赛和学生科研项目奖励办法，提倡教师承担的实践类课题吸收学生参加，学生深度参与教师科学研究。鼓励教师带领学生开展创新创业训练，指导学生申报本科生科研计划、大学生创新创业训练计划等项目。

3. 加强创新创业教育师资建设

通识课、专创融合型课程建设和优秀双创项目孵化都离不开教师的指导，建设高水平的创新创业教育师资队伍是推进专创融合的基础。成立专门的院系创新创业教育中心，以专创融合理论研究、院系创新创业师资建设为重点，开展创新创业教育理论研究，保障师资建设，以高水平创新创业科学研究支撑高质量的专创融合教育。同时，注重创新创业教育师资的分类培养。以通识课双创师资、专创融合型师资和竞赛导师团队分类推进，开展教师创新创业教学能力培训，鼓励支持教师进行双创教育的前沿探索研究，在教学类项目和成果申报中提升对双创教育工作的认可和评价。

4. 重视高水平学科竞赛组织，发挥大赛以赛促学，以赛促教，推进专创融合的重要作用

学科竞赛是大学生绽放自我、展示能力的实践平台，对于学生成长成才意义深远，同时也是推进专业教育与创新创业教育深度融合的重要抓手。首先，我们高度重视中国"互联网+"大学生创新创业大赛等高水平双创类竞赛，精心做好大赛组织，由专业教师团队精心指导学生参赛，让学生在大赛激烈竞争中磨砺意志品质，提升专业能力。其次，统筹发挥大学生创新创业训练计划、本科生科研计划等学生科创类项目作用，形成科创竞赛合力，构建优秀创新创业项目选培模式，培育高水平文创项目。创新创业教育重视"问题导向"，旨在培养学生发现问题、解决问题、探索实践，进而创造价值。本科生科研类计划等以"发现问题"为导向的科创项目相当于是创新创业项目的前序调查研究，经适当的孵化、成长后均可转化为"解决实际问题、创造价值"的竞赛项目。为此，应加强科研类项目和竞赛类项目的融合发展。比如将研究基础扎实的优秀学生科研项目培育转化为实践型的竞赛项目，高水平竞赛获奖成果优秀可考虑立项为科研项目再孵化。

5. 培育创新创业文化，营造推进专创融合教育的良好氛围

首先，加大对广义创业理念宣传力度，让"创新创业是创事业、创未来";双创教育是"价值创造"教育;双创教育核心在于"专创融合"等教育教学改革理念深入人心。其次,加大对双创优秀团队、典型学生代表和优秀教师先进事迹的报道力度,突出双创教育中教师的教学改革辛勤探索和学生的成长主题,力争培育良好舆论氛围。最后,制定并完善相关鼓励师生参加创新创业实践活动的规章制度。对于创新创业教育中教师工作量予以认可;完善本科生创新创业奖励制度,切实激发学生参与创新创业热情。

(三)汉语国际教育专业创新创业教育专创融合成效

以上专创融合改革探索在汉语国际教育专业取得了显著成效。

首先,进一步激发学生参与创新创业竞赛和实践活动热情,孵化产生一大批与本专业密切结合的学生科创成果。致力"缠花"非物质文化遗产传承的"锦上花"工作室;关注传统手工艺传承的守艺人工作室。其次,学生专业能力提升,毕业生就业专业对口率上升,实现更高质量就业。再次,高水平创新创业师资队伍建设成绩突出。汉语国际教育专业涌现出专创融合名师、创新创业竞赛指导专家。近年来,教师取得多项创新创业研究课题,获得多项大赛优秀指导教师荣誉。最后,专创融合教育模式得到较高评价,人才培养质量深受社会好评,推进汉语国际教育专业一流专业建设。

综上所述,专业教育与创新创业教育有机融合,把创新创业教育贯穿人才培养全过程是深化创新创业教育改革的必然选择。我们应从创新创业教育理念革新、创新创业教育融合发展、创新创业教育师资建设、创新创业竞赛组织、营造良好创新创业文化氛围等方面着力,全面推进专创融合。

第三节　中文专业双创实践教学的创新与实践
——基于新文科创新创业菁英书院班的建设

一、新文科创新创业菁英书院班简介

"大众创业、万众创新"是中华民族伟大复兴的时代特征，双创教育是中国高等教育改革突破口。"新文科创新创业菁英书院班"项目是在新文科视域下，遵循学校国际化人才培养定位，从"厚植家国情怀，开拓国际视野、浸润人文底蕴和培养双创思维和实践能力"培养目标出发，面向全校有创新创业潜质的优秀学生（本、硕、博和国际学生）开展的双创课堂教育、竞赛体验和训练实践相融合的特色书院制双创人才培养项目。

项目师资以校内双创导师和业界专家协同合作育人，以"价值观+专业能力+创新能力"融合型培养目标为指引，坚持"专、思、创"三融合（专业教育、思想政治教育与创新创业教育深度融合）的顶层设计，依托项目团队已有的国家级双创金课和六门省级一流课程、课程思政示范课以及十三载双创教育经验，建立双创书院班"课-赛-研-创""四位一体"双创教育模式，培养知中国、爱中国，具全球视野，致力于中外人文交流，堪当民族复兴大任的新时代外语院校创新创业"领雁"人才。

二、新文科创新创业菁英书院班项目目标

（一）建设双创实践育人示范模式

在已有国家级双创金课基础上，探索建立双创书院班"课-赛-

研-创""四位一体"双创教育模式,形成项目研究报告,打造具有外语院校特色的双创育人新范式。

(二)聚焦双创"领雁"人才培养

专注培养外语院校新文科专创融合型菁英人才,聚焦双创项目团队负责人"领雁"的核心能力养成,以"领雁"广泛辐射带动更多学生和更多团队参与双创热情,以孵化更多优秀文创项目,为互联网+大赛、挑战杯、iCAN创新创业大赛等储备优秀项目,力争获市级双创获奖15~20项,力争再创学校双创竞赛获奖新突破,助学生更高质量就业创业,助力学校一流专业建设双创教育改革。

(三)形成榜样示范效应

整理书院班优秀学生典型事迹案例和获奖双创项目成长报告,形成创新创业典型育人榜样案例8~10项,以榜样示范激励更多双创菁英成长。

三、新文科创新创业菁英书院班特色与优势

(一)新文科创新创业菁英书院班人才培养特色

1. 以"价值观+专业能力+创新能力"专思创融合型培养目标为指引

书院班以培养具备创新精神、创业意识和创新创业能力的复合型、创业型人才为教育特色,鼓励学员基于专业知识挖掘资源进行创新创业活动。

2."校内+校外+朋辈"创业导师联合培养

书院班通过校内导师、校外企业导师和朋辈导师联合培养方式，建成文理交融、校内外融合的"虚拟教研室"。校外：常态化、制度化邀请跨学科高校专家、业界导师参与；校内：建立跨院系、多学科授课团队和朋辈导师团队。

3."PBL+OBE"项目制训练成果导向

书院班采取项目制（Project based learning）的方式和成果导向（Outcome-based learning）进行创新创业实践训练，创立"课-赛-研-创"合一模式，将教师科研项目、学科竞赛体系纳入双创体系，突破文科双创教育固有范式，拓展实践教学的广度和深度。同时，以学生参与互联网+大赛为核心的各级各类创新创业赛事和双创实践活动为项目考核成果导向，切实提升学生就业创业胜任力。

（二）新文科创新创业菁英书院班教学团队优势

1. 教学团队双创教育成果突出

教学团队负责人从事创新创业教育教学十三载，开设的"创新创业导论"为全国高校就业创业金课（全国二十门之一）、重庆市首批课程思政示范课、重庆市一流课程；双创教学成果获重庆市教学成果二等奖。指导学生团队获国家级、省级双创类、专业类竞赛荣誉四百二十余项，十多次创学校乃至同类外语高校双创竞赛获奖纪录，如三创赛全国特等奖（评奖比例约万分之三）一项、一等奖三项。在 2019 年和 2020 年连续两年，在中国高等教育学会公布的全国高校学科竞赛排行榜纳入评价的四川外国语大学全校学生国家级重要获奖中，王琥老师一人指导的获奖项目数就占全校总数的近四分之一。

2. 教学实践条件优势突出

教学团队负责人所在学院有双创中心和传统文化体验研究中心两个实践教学机构,团队业界导师有市级创业孵化基地负责人,为学生亲身参与双创实践提供充足实训平台支持。

四、新文科创新创业菁英书院班实施简况

（一）实施目标

教学团队拟建立双创教育"专思创"三融合示范模式。"专思创"是本项目的指导思想,即专业教育、思想政治教育与创新创业教育的深度融合。"专思创"的"专"即外语院校的国际化办学定位和所学专业优势；"思"即价值塑造,强调培养学生的家国情怀和中国风格的人文素养；"创"是指广义双创教育理念,即将双创教育定义为创人生、创志业、创伟业的价值创造教育,着力引导学生深怀家国热爱,基于专业优势致力于中华优秀传统文化走出去的双创教育实践。

在专思创理念指导下,建立"课-赛-研-创""四位一体"双创教育载体（如图6-1所示）。

第一,融合创新创业类国家级、省级一流课程的专家导学课（"课"）。

第二,融合中国国际"互联网+"创新创业大赛的双创竞赛实训活动（"赛"）。

第三,建立"师生双创学习共同体"的项目制小组研学模式（"研"）。

第四,建立"科学研究+语言产业+创新创业"双创实训孵化模式("创")。

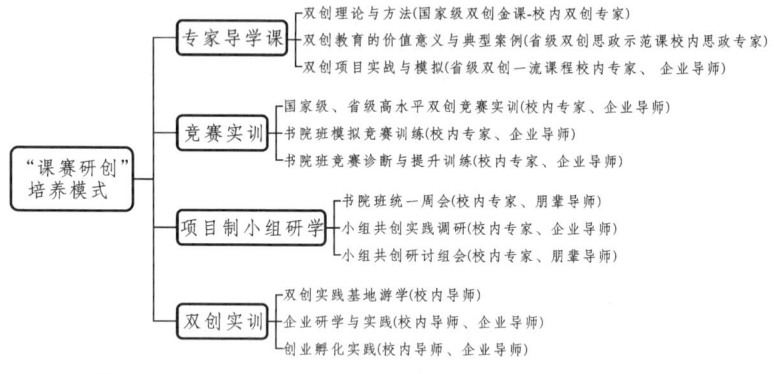

图 6-1 书院班"课-赛-研-创""四位一体"教育模式图

(二) 实施计划

1. 书院班参与对象

书院班每年年初面向全校学生招募报名,聚焦新文科双创领雁人才培养,优中选优,招募总人数为 50 人,实施周期为一学年。招生对象面向全校范围内对创新创业教育感兴趣的本科生、研究生、博士生、国际学生招募学员,择优选拔录取,要求品学兼优,学业成绩优秀,热爱创新创业,持之以恒,能坚持高质量完成书院班课程学习和实践训练,积极参与双创竞赛。满足以下条件之一者可优先录取:学习刻苦努力,学业成绩优秀;获校级二等及以上奖学金;获专业类、双创类竞赛校级一等奖及以上。

2. 书院班课程简介

书院班包括专家导学课、新文科双创竞赛实训活动、双创项目制小组研学、双创实训和结课展示五部分构成,总计 109 课时

(其中选修8学时)。

（1）专家导学课（30课时）。

专家导学课安排为10次主题讲座，具体安排如表6-1所示。

表6-1 专家导学课具体安排

序号	讲座内容	负责人	参与对象	时间
1	书院班开班导学 创新创业创未来 （3课时）	校内导师	菁英班学生	第一学期
2	创新思维、能力和方法 （3课时）	校内导师	菁英班学生	第一学期
3	创业精神与人生发展 （3课时）	校内导师	菁英班学生	第一学期
4	创业团队组建 （3课时）	校内导师	菁英班学生	第一学期
5	市场调研和设计思维 （3课时）	校外专家	菁英班学生	第一学期
6	商业计划书写作导论 （3课时）	校内导师	菁英班学生	第一学期
7	商业计划书 写作方法与实践 （3课时）	校外专家	菁英班学生	第一学期
8	商业计划演示理论与实践 （3课时）	校外专家	菁英班学生	第一学期
9	专业学习与创新精神 （3课时）	校内导师	菁英班学生	第一学期
10	专业学习与创新精神 （3课时）	校内导师	菁英班学生	第一学期

（2）新文科双创竞赛实训活动（25学时）。

新文科双创竞赛实训由双创菁英竞赛和双创菁英竞赛诊断与提升辅导两项活动构成。实训活动之一是互联网+大赛之新文科双创菁英班培育赛（暨书院班中期考核），分为初赛和决赛各1次，共10学时，初赛提交参赛计划书诊断、决赛进行路演展示，校内导师和业界导师共同组织，参与对象为全体学生。实训活动之二是双创菁英竞赛诊断与提升5次15学时，校内导师和业界导师共同负责，参与对象主要为参加双创竞赛市赛团队。

（3）双创项目制小组研学（48学时）。

本部分包括周末双创朋辈沙龙（书院班周会）、小组共创研讨会和小组共创实训三项活动构成，其中周末双创朋辈沙龙统一组织开展，拟开展8次；小组共创研讨会和共创实训在导师指导下定期开展，按期提交小组共创报告，在书院班结营时进行小组汇报展示考核。

（4）双创实训（8学时）。

实训研学分为面向全体菁英班的必修活动和选修活动。必修部分包括双创研学1次（统一或分小组开展）和企业或双创孵化园参观研学1次（统一或分小组开展）；选修部分针对部分有实际创业意愿的学员（或小组），选培后将学员（小组）项目推荐学校或校外的创业孵化园进一步指导孵化培育，由校内导师和企业导师共同指导完成。

（5）书院班结课考核（6学时）。

结课考核以小组为单位提交创业计划书、小组成长报告（包含小组共创实训情况）和结课路演三部分构成，计6学时。负责人为项目校内教师成员。参与对象为全体学生。

第七章

高校中文专业创新创业竞赛组织模式探索与研究

学科竞赛是培养大学生实践能力的重要载体和有效途径，对培养大学生创新思维、创新意识和高阶运用能力，促进学生成长成才，培养德才兼备的复合型创新型人才发挥着不可或缺的重要作用。创新创业竞赛是高校学科竞赛的重要组成部分，是深化高校创新创业教育的重要载体，对于培养学生将知识转化为能力，助力学生实现更高价值的成长意义非凡。本章主要以四川外国语大学中文学院创新创业竞赛组织模式改革为例，分析创新创业竞赛对人才培养的重要意义和深入开展创新创业竞赛的路径方法，建立新文科理念下"专业教育、思想政治教育与创新创业教育"三者深度融合的"六位一体"创新创业竞赛组织模式，让更多学子在创新创业教育中受益成才。

第一节　高校创新创业典型竞赛简介

这一节主要分析国内的主要大学生创新创业竞赛，主要包括中国国际"互联网+"大学生创新创业大赛、"挑战杯"全国大学生课外学术科技作品竞赛、"挑战杯"中国大学生创业计划竞赛、全国大学生电子商务"创新、创意及创业"挑战赛和国家级大学生创新创业训练计划五项竞赛。

一、中国国际"互联网+"大学生创新创业大赛

中国国际"互联网+"大学生创新创业大赛（简称"互联网+"大赛）是在 2015 年发起，是由教育部直接主办的高校创新创业领域最高赛事，是我国覆盖面最大、影响最广、成果最多的大学生

创新创业盛会,同时也是近年来全国高校都极为重视的高水平学科竞赛中的顶级赛事。"互联网+"大赛每年举办一届,大赛的主要任务旨在以赛促教,探索人才培养新途径;以赛促学,培养创新创业生力军;以赛促创,搭建产教融合新平台。①

"互联网+"大赛到 2022 年已连续举办八届。2022 年第八届大赛的主题为"我敢闯,我会创";大赛的总体目标是更中国、更国际、更教育、更全面、更创新,传承和弘扬红色基因,聚焦"五育"融合创新创业教育实践,激发青年学生创新创造热情,线上线下相融合,打造共建共享、融通中外的国际创新创业盛会,开启创新创业教育改革新征程。②第八届大赛分为高教主赛道、"青年红色筑梦之旅"赛道、职教赛道、萌芽赛道、产业命题赛道和国际赛道六个赛道,主要采用校级初赛、省级复赛、总决赛三级赛制。

"互联网+"大赛是深化高校创新创业教育改革的生动实践。大赛产生了巨大的社会影响,被企业家誉为"全球最大最好的路演平台",被国内外媒体誉为惊艳非凡的空前盛会。③

二、"挑战杯"全国大学生课外学术科技作品竞赛

"挑战杯"全国大学生课外学术科技作品竞赛(以下简称"'挑

---

① 教育部关于举办第八届中国国际"互联网+"大学生创新创业大赛的通知[EB/OL]. http://www.moe.gov.cn/srcsite/A08/s5672/202204/t20220412_616047.html,2022-04-06.
② 教育部关于举办第八届中国国际"互联网+"大学生创新创业大赛的通知[EB/OL]. http://www.moe.gov.cn/srcsite/A08/s5672/202204/t20220412_616047.html,2022-04-06.
③ 《中国"互联网+"大学生创新创业大赛指南》编写组. 中国"互联网+"大学生创新创业大赛指南 2019[M]. 北京:高等教育出版社,2019.

战杯'竞赛")是由共青团中央、中国科协、教育部、全国学联和地方政府共同主办,国内著名大学、新闻媒体联合发起的一项具有导向性、示范性和群众性的全国竞赛活动。"挑战杯"竞赛始终坚持"崇尚科学、追求真知、勤奋学习、锐意创新、迎接挑战"的宗旨,在促进青年创新人才成长、深化高校素质教育、推动经济社会发展等方面发挥了积极作用,在广大高校乃至社会上产生了广泛而良好的影响,被誉为当代大学生科技创新的"奥林匹克"盛会。①

三、"挑战杯"中国大学生创业计划竞赛

"挑战杯"中国大学生创业计划竞赛是由共青团中央、中国科协、教育部、全国学联和承办高校所在省（市）人民政府主办的一项具有导向性、示范性和群众性的全国竞赛活动。创业计划竞赛又称商业计划竞赛,是风靡全球高校的重要赛事。它借用风险投资的运作模式,要求参赛者组成优势互补的竞赛小组,提出一项具有市场前景的技术、产品或者服务,并围绕这一技术、产品或服务,以获得风险投资为目的,完成一份完整、具体、深入的创业计划。"挑战杯"创业大赛以增强大学生创新、创意、创造、创业的意识和能力为重点,以深化大学生创业实践为导向,着力打造权威性高、影响面广、带动力大的全国大学生创业大赛。

四、全国大学生电子商务"创新、创意及创业"挑战赛

全国大学生电子商务"创新、创意及创业"挑战赛又简称为

---

① 挑战杯竞赛官方网站：https://www.tiaozhanbei.net/focus.

"三创赛"。"三创赛"是在 2009 年由教育部委托教育部高校电子商务类专业教学指导委员会主办的全国性在校大学生学科性竞赛。根据教育部、财政部（教高函〔2010〕13 号）文件精神，"三创赛"是激发大学生兴趣与潜能，培养大学生创新意识、创意思维、创业能力以及团队协同实战精神的比赛。

三创赛在中国高等教育学会发布的全国普通高校大学生竞赛排行榜的 57 项赛事中排名第 13 位，是全国广大师生信赖、支持的比赛。大赛的目的：强化创新意识、引导创意思维、锻炼创业能力、倡导团队精神。大赛的价值：大赛促进教学，大赛促进实践，大赛促进创造，大赛促进育人。三创赛一直秉持着"创新、创意及创业"的目的，致力培养大学生的创新意识、创意思维和创业能力，为高校师生搭建一个将专业知识与社会实践相结合的平台，提供一个自由创造、自主运营的空间。[①]

五、国家级大学生创新创业训练计划

国家级大学生创新创业训练计划，简称"国创计划"，包括创新训练项目、创业训练项目和创业实践项目三类项目。该计划源于教育部质量工程，2006 年开始试点，2007 年教育部推出了"国家大学生创新性实验计划"，2011 年正式设立"国创计划"。国创计划的目的仍然聚焦于人才培养的三个方面：一是培养适应时代要求的创新创业人才，通过在校大学生对创新创业训练项目实践的过程体验，提升大学生创新创业意识和探究实践能力；二是建立学校、地方、国家三层次的大学生创新创业训练计划体系，引

---

① "三创赛"官方网站：http://www.3chuang.net/single/1.

导大学生创新创业训练计划项目的组织实施、评价交流和持续发展；三是促进高等学校人才培养模式改革和教学观念转变，特别是研究型课程教学模式的改革，以课堂内外相结合的方式促进高校大学生创新创业能力培养体系的建设。[①]

"国创计划"旨在强化大学生的创新创业训练，培养大学生的创新精神、创业意识和创新创业能力。实施"国创计划"的初衷是以项目为载体，以计划为突破口，推动大学生创新创业教育教学改革，因此，"国创计划"的初心是培养创新创业人才。[②]

大学生创新创业训练计划包括创新训练项目、创业训练项目和创业实践项目三类：

第一类是创新训练项目：本科生个人或团队在指导教师的指导下，自主完成创新性研究项目设计、研究条件准备和项目实施、研究报告撰写、学术成果交流等工作。

第二类是创业训练项目：本科生团队在指导教师指导下，团队中每个学生在项目实施过程中扮演一个或多个具体的角色，通过编制商业计划书、开展可行性研究、模拟企业运行、参加企业实践、撰写创业报告等工作。

第三类是创业实践项目：学生团队在学校导师和企业导师共同指导下，采用前期创新训练项目的成果，提出一项具有市场前景的创新性产品或者服务，以此为基础开展创业实践活动。

---

① 国家大学生创新创业训练计划专家工作组. 砥砺十年星火燎原：国家大学生创新创业训练计划十周年 回眸篇[M]. 北京：高等教育出版社，2018.

② 国家大学生创新创业训练计划专家工作组. 砥砺十年星火燎原：国家大学生创新创业训练计划十周年 回眸篇[M]. 北京：高等教育出版社，2018.

第二节　三融合理念下中文专业创新创业竞赛组织模式的探索与实践

在深化高等教育创新创业教育改革的背景下，四川外国语大学中国语言文化学院遵循学校人才培养定位，结合中文专业和学校外语优势，坚持创新创业教育本质上是"价值创造"教育，是引领学生开创未来、开创事业、开创志业，成就人生，这一广义创新创业教育理念，以"思想政治教育与创新创业教育深度融合""专业教育与创新创业教育深度融合"为根本导向，建立三融合理念下"六位一体"双创竞赛教育模式，培养具有国学根柢、世界眼光、创新能力的一流中文专业人才。近年来，得益于双创竞赛教育模式的改革与完善，所培育的学生双创项目在传承中华优秀传统文化、服务社会等方面成效突出；学生双创竞赛获奖成果丰硕；助力学子实现更高质量的就业创业。

一、构建三融合理念下中文专业创新创业竞赛组织模式的重要意义

（一）三融合理念下高校创新创业竞赛教育模式概述

三融合理念是指专业教育、思想政治教育与创新创业教育的深度融合，即"专、思、创"融合。"专思创"具体内涵："专"指专业素养，即外语院校的国际化办学定位和中文专业优势，推进双创教育与中文专业教育、学校人才培养定位深度融合；"思"指思想政治教育，即价值塑造，强调厚植学生的家国情怀和中国

风格的人文素养,在创新创业教育中深度融入思想政治教育,推进创新创业教育课程思政改革;"创"即创新素养,指将广义双创教育理念,即双创教育是创人生、创志业、创伟业的价值创造教育这一理念融入教育实践,着力引导学生基于专业优势参与创新创业实践。"专思创"三融合理念的核心在于坚持思想政治教育对创新创业教育的价值塑造,突出创新创业教育的育人本质,实现新文科的价值重塑,实现有灵魂、有使命的双创教育。三融合理念下的"六位一体"竞赛教育模式是指以双创课程建设为主渠道,同步有机推进双创实践活动、师生双创学习共同体、双创竞赛体系、双创激励保障机制和双创师资等方面的建设与改革,六方面形成合力,助推双创育人育才。

在三融合理念下建立的创新创业竞赛教育模式,以"思想铸魂""实践育才""双创赋能"三方面为鲜明特色。"思想铸魂",坚持立德树人根本,将思想政治教育"寓"于双创竞赛组织全过程;"实践育才",围绕专业培养所必备的核心素养和核心能力,对应构建高阶实践活动,重塑创新创业竞赛教育模式;"双创赋能",以广义双创教育为特色,以"师生双创学习共同体"深耕双创,提升学生基于专业的创新创造能力,学以致用。

(二)构建三融合理念下高校创新创业竞赛教育模式的重要意义

三融合理念下高校创新创业竞赛教育模式针对目前双创教育实际,旨在进一步探索新文科视域下如何实现双创教育的价值重塑,培养有灵魂、有使命的"价值人"的有效路径;探索新文科视域下如何实现双创教育的学科交融,多学科协同育人,提升学生的高阶创新能力的有效方法；全心关注学生个性化学习需求，实现对学生的精细化指导，因材施教。

具体来说，专思创双创竞赛教育模式的改革和完善对于高校教育教学改革意义深远。对学生而言，"创新创业教育能够培养大学生敢为人先的创新精神、锲而不舍的奋斗精神、团结协作的合作精神"[①]，磨砺意志品质；在双创实践中推动大学生学习方式的转变，进一步激发学习主动性，将专业知识转化为高阶实践能力，实现更高价值的成长和锻炼。对教师来说，通过师生双创共同体，让教师真正以学生学习为中心，走进学生内心，深入了解学生，进而推进教学方式的改革与创新，实现教学相长。对学校来说，以双创教育改革为突破口，深化教育教学改革，推进双创教育实现铸魂育人。

二、三融合理念下高校创新创业竞赛教育模式的探索与实践

课题组以双创课程建设为主渠道，同步推进双创实践活动、师生双创学习共同体、双创竞赛体系、双创激励保障机制和双创师资等方面的建设与改革，建立双创竞赛教育模式。

（一）建设创新创业教育竞赛课程

"高校创新创业教育的课程设计是实施创新创业教育的重要载体"[②]，课程是人才培养的要素，对于创新创业竞赛组织也是如

[①] 丁伟. 课程思政视角下的创新创业教育课程建设[J]. 东华大学学报（社会科学版），2018（4）：242-245.

[②] 吴海江. 创新创业教育研究[M]. 北京：冶金工业出版社，2019.

此。在教学实践中,坚持以双创竞赛实训课程创新为核心推进创新创业教育和创新创业竞赛组织,探索专业教育与创新创业教育的有机融合。首先,推进通识必修课"创新创业导论""大学生创业教育"课程的实践学时比重,在实践实训中培养学生基于专业发现问题,解决问题的实践能力。其次,建好专门的双创实践课,着力推进学生双创实践模拟训练,与实习基地合作,开展实习实训等实践活动,校企合作建设"'互联网+'汉语国际教育实践"课程;最后,推动"赛课合一"型竞赛实训课的创新与完善,以课堂为主渠道培育中国国际"互联网+"大学生创新创业大赛参赛项目。

(二)举行"专思创"融合型系列实践活动

"课堂教学和课外实践活动相结合,这是锻炼和提高大学生创业能力、科研能力、协调能力的重要途径。"[1]在双创竞赛组织更是如此,在课堂教学改革创新同时,必须重视实践活动开展。课题组以"专思创"理念为指导,根据本专业学生必备的核心能力和创新素养,科学设计对应的实践活动,培养相应的实践能力;依托学院"中华文化体验与展示中心""汉语国际教育与创新人才培养中心""国学与传统文化技能实训基地""双创教育中心"等教学实践基地和教研机构,开展"中外文化交流月""戏剧之夜""汉语角""重庆地名大会""双创设计大赛"等近 10 项精品实践活动;通过广泛多样的实践活动,激励学生将创新想法付诸创新实践,孵化高水平双创竞赛成果。

---

[1] 王克. 高校创新创业探究[M]. 北京:北京时代华文书局,2020.

（三）构建"师生双创学习共同体"，聚焦学生个性化发展

依托双创实践活动和双创大赛，组建师生双创学习共同体，在双创实践教学中真正实现以学生学习为中心，实施个性化教学。"个性化教学也是实践创新教学的基本要求。"[①]具体来说，在课后，由1~2名教师和3~5名学生组成学习共同体小组，由教师指导学生选题做调研，参与双创实训和双创竞赛。在双创指导中，高度重视因材施教，强调以学生为主体，满足学生的个性化学习要求。充分发挥"本科生导师制""研究生导师制""朋辈教育"作用，强化师生互动、生生互动，探索精细化指导学生。在教师对学生全程一对一的精心指导中，温润每名学子成长路，助力他们实现个人更高价值的成长。

（四）建设"专思创"融合型创新创业竞赛体系

根据中文专业特点，构建以中国国际"互联网+"大学生创新创业大赛为龙头，以"'挑战杯'全国大学生课外学术科技作品竞赛""'挑战杯'中国大学生创业计划竞赛""国家级大学生创新创业训练计划""全国大学生电子商务'三创赛'"等高水平双创竞赛为带动，以中文专业类学科竞赛为基础，从创意、创新到创业的双创竞赛体系；建立与竞赛体系相适应的层次递进、覆盖面广的双创竞赛项目选培机制，厚植双创教育土壤。

（五）创建"浸润式"的创新创业竞赛激励保障机制

双创实践活动是让学生将所学知识转化为实践能力的重要环

---

① 王青迪. 大学生创新创业教育与就业指导[M]. 上海：上海三联书店，2020.

节。对于学生而言，实现这一知识到能力的转变并非易事，他们需要在教师指导下付出持之以恒的努力。同时，双创竞赛竞争也越来越激烈，需要学生投入大量的时间和精力，不断磨砺高阶创新能力。为此，在双创实践活动和双创竞赛指导中，教师应重视情感教育，"以情化人"，以为师者的育人初心，真诚关心、关注学生创新创业实践和竞赛成长的每一步，在双创项目萌芽、成长、落地的每一个重要环节，都有教师导师般、家人般的指导和关怀。教师应一视同仁对待所有学生参赛项目，呵护学生的创意，包容失败。在学生双创竞赛脱颖而出时，及时肯定他们的努力与拼搏，勉励他们再接再厉，不断成长；在学生双创项目遗憾落败时，第一时间给予他们最真心的宽慰，为他们诊断发掘项目的亮点和希望，寻找解决问题的方法和途径，争取下次成功的契机；在学生想放弃参赛时，不断为学生打气，勉励他们坚持梦想，勇往直前。总之，教师不仅要以"导师"的身份，更要以"家人"的身份全程参与学生的双创实践，用师爱浇灌双创项目的成长，实现陪伴式、浸润式的教育，引导学生以持之以恒的拼搏实现创意到双创项目，再到人生梦想的成长。

（六）打造高水平学科交融型创新创业师资团队

双创教育的改革离不开教师的深度参与，"创新型与专业化的师资队伍是保证创新创业教育成功的重要因素"[1]。课题组着力推进创新型、专业化的双创实践师资团队建设：以中文学科为核心，与学校外语学科、工商管理学科合作，加强校本跨学科教学团队

---

[1] 郗婷婷. 高校创新创业类课程与专业课程融合路径[J]. 科技创业月刊，2020（3）：143-146.

建设；推进跨校际、多学科实践教学团队建设，邀请行业导师、企业导师深度参与双创实践和竞赛指导，为创新创业竞赛教育模式提供智力保障，着力建设一支有坚定理想信念，高尚育人情怀，渊博学识的双创师资队伍。倡导教师以高尚师德师风，身体力行，春风化雨般教育引导青年学子参与创新创业。

三、三融合理念下高校创新创业竞赛教育模式的创新与经验

（一）人才培养理念创新

首先，课题组探索"专思创"理念下双创竞赛教育模式改革已有十三年积累，是较早将专思创融合和五育并举理念深度融入文科专业双创教学体系的先锋探索，突出实践教学高阶性、挑战度和创新性。其次，贯彻多学科交融理念，实现跨学科协同育人。邀请行业导师，开设"文化遗产保护""地名文化"等学科交融型课程。邀请顶尖理工科专家开展指导，探索"互联网+"汉语国际教育创新实践。最后，践行"课程实践化、实践课程化"的项目制教学理念，建成省级课程思政示范课、地名大会品牌实践活动。

（二）探索双创教育"虚拟教研室"建设

首先，师资建设上，邀请跨校际、多学科师资深度参与双创竞赛指导，打破校际界限，实现优质教学资源共享。其次，双创平台建设上依托国家级、省级教学科研项目平台、大学生创业示范基地、海内外实习基地建设，构建"科学研究+语言产业+创新创业"专创融合的双创实训模式。

（三）广义双创教育的先锋践行者

课题组较早践行广义双创教育，坚持双创教育是培养学生创业精神和创新能力，将学科专业竞赛体系和双创教育纳入实践教学体系，创立"赛课合一"模式，培养学生创事业、创志业、创未来的能力；突破文科双创教育固有范式，拓展双创教育的广度和深度。

（四）铸魂育才的典型范本

"高素质的师资队伍是创新创业教育成功的关键和基石。"[1]课题组以省级教学团队为典范，强调文科双创教育的价值性、思想性、超越性、使命性和灵魂性，在"语言文化""创新创业导论"课等核心课程推进课程思政改革，将课程思政理念深度融入双创竞赛和实践教学，"将思想政治教育与创新创业教育的实践活动整合为一体"[2]，培养德才兼备、有强烈家国情怀的创新型人才。

（五）精细化、人文化指导学生的初心砥砺

"学生是创新创业教育的核心"[3]，课题组在双创实践教学中，始终以学生学习为中心，把对学生的关心与辅导做精、做细、做深、做实。十年来，课题组教师初心如磐，开拓创新，无私奉献，全心指导学生参加专业和双创竞赛，学生国家级、省级双创获奖

---

[1] 赵光锋，肖海荣.创新创业教育：让大学生走在时代的前沿[M].北京：中国纺织出版社，2018.
[2] 张佳景，张子睿.思创融合实践研究：关于思想政治教育与创新创业教育融合的实践探索[M].北京：中国农业科学技术出版社，2020.
[3] 裴小倩，严运楼.高校创新创业教育协同机制研究[M].上海：上海交通大学出版社，2018.

成果突出，涌现"无为农夫""印迹""扇瓷坊""大梦想家"等数十项大学生双创明星项目，助力学生实现更高质量就业创业。

四、三融合理念下高校创新创业竞赛教育指导的实践案例

教师是学生参与双创竞赛的指导者、陪伴者和坚守者，每一次双创竞赛对于参赛师生都是一次考验和磨砺。在每一次竞赛比拼的关键时刻，教师往往要起到参赛团队"主心骨"的关键作用，不断带领团队攻坚克难，砥砺坚持，实现突破。以指导了双创竞赛十三年的教师为例，从他的发言稿中可以深刻感受双创教育中教师的全心付出和全力投入。

初心如磐十二载，双创筑梦师生情[①]

今年是我与创新创业教育结缘，与学生一起倾心双创的第十二个年头。我知道十二年并不漫长，但是这个十二年里，很有故事很有情愫。

十二年了，我们的感情越来越亲密。

十二年来，我和学生一直在一起。期望在时空阻隔而成的这大学四年里，靠着自己的满腔热血，全力付出，真正成为他们生命中一辈子的亲人，四年师生，一生情义。"与君世世为兄弟，更结来生未了因。"这是我深入骨髓的价值期许。所以十二年里，虽然已经被称为"斜杠青年"，因为已有辅导员、课程教学、学生支部书记、教改班班主任等七八项工作，但因为有着这份执拗的理

[①] 引自笔者 2021 年在四川外国语大学新文科论坛双创竞赛心得交流时发言稿，有删改。

想,所以只要是对学生成长有助力的事,我都毫不犹豫地去做,哪怕其实仅辅导员的这一项,在整整三年的时间里带近400名学生,就已然是两个人的满工作量;哪怕有一年的教学课时工作量达到了接近600课时;哪怕这几年每次和同事一起加班修改撰写系上材料,都能看到凌晨四五点山上歌乐广场的点点星光……即使如此,但是,当双创艰难破土萌芽时,我仍然那么执着地"跨界",朋友说,你就像黄河决了堤,向着学生创新创业的梦想奔涌而去……陪伴是最长情的告白,与双创结缘的十二年,让我与最爱的学生有了更多在一起的时间,真正走进了他们的生命,走进了他们的内心,不再是他们生命中的过眼云烟……

所以,我想,对于与学生感情越来越亲密的十二年,我应该是幸福的。

十二年了,我们的感情越来越厚重。

创新创业教育对于青年学子意义非凡。但要让他们从亲近到热爱也许并不简单。面对纯文科专业的中文本科学子,要和国内顶尖、国际领先的理工类、综合类高校重点实验室项目同场竞技,创新创业更显高难。十二年来我和学生们一起从零开始,让他们对双创从陌生到了解,从熟悉到热爱……到今年为止,十二年来我一共指导了接近1300个参赛团队,累计参赛近1600项次,接近1万人次,写下了累计约2000万字的项目计划书。在他人沉浸于花前月下的浪漫时,我在埋头看学生的策划;当别人入眠入梦时,我在反复琢磨如何把学生的创意打磨得更好,(时常可以看到凌晨三四点的星光);当别人享受与家人、朋友的休闲时光时,我还在与学生一对一交流,一对一回复他们的疑问……在2018年第四届"互联网+"竞赛,中文学院仅我一人指导的项目就达68项,中文 2015 级一个年级参赛总人次就占全校 1000 余人次的约 1/3。我校参赛覆盖比近 10%，中文系 2015 级参赛比 182.2%，一个年级的参赛率是全校平均的 20 倍。仅近五年的互联网+创新创业大赛，我指导的项目省级获奖达 35 项（占比全校 70%）。我想，对于这个越来越厚重的十二年，我应该是感恩的。

十二年了，我们的努力也得到了越来越多的认可。

于是十二年里，我们的双创学生团队投入汉语国际教育推广，关注过濒危的传统手工艺传承，到过福利院关爱来自星星的孩子，到过偏远山区支教……而我也全力支持他们的梦想。十二年来，我和我的学生团队获得了很多双创的荣誉：累计获得国家级奖项 23 项（占全校双创国家级获奖的近 90%），省市级奖励近 240 项（占全校省级双创获奖的约 60%），保有约 10 项目前学校或是同类外国语院校在三创赛、挑战杯等多项双创赛事的最高获奖。

我想这些奖项所呈现出来的更多是我对"老师"这两个字的隆重认知，对"老师"这两个字的隆重热爱，因为每一项荣誉的背后都是我和学生朝夕相处、相濡以沫的感情和故事，都是我十二年里无私投入的时间、青春和生命，都是我对这个岗位的坚守与信念。不会忘记，多年来，我们系同事和老师们十二年的岁月里对于我们团队不离不弃的关注和全心的支持，将创新创业教育星火燎原，推进学院双创教育更上台阶，无私支持学院所有双创的学子育人情怀和赤诚之心……所以，我想，对于这个越来越被认可的十二年，我应该是自豪的。

十二年时间，不长也不短，刚好够一段刻骨铭心的感情发生，刚好让我明确心中所爱。若然弄清情之何起，情之所以。外在的艰难困苦，艰苦备尝，便皆不足以动摇内心的初心如磐。

十二年的四千多天里，虽然长期高强度的工作让健康频亮红灯，十二年里因为学生实习、双创从没有消消停停地过过一个假期……虽然也有自己的发际线撤退、视力连连下降的窘况，也有喝了太多的浓茶咖啡等提神饮料副作用突显的困扰，更因2016年4月带队学生参赛痛失了见我最挚爱的奶奶最后一面的机会，成为终生遗憾……但，执拗的情怀何惧艰辛，执着的初心何畏荆棘。怀抱着希望和理想，再辛苦的行程也不乏浪漫色彩！

我愿意和我所有的学生一起，将我们的双创感情故事进行到底。我愿意终生与学生为伴，这是我最坚定的信念，也是我最由衷的心愿。哪怕仅有一点微弱的光也定要让它变成隽永的亮，照亮每一个学子心中的双创意，川外情，奏响属于我们川外的双创凯歌！

上述发言案例从发言者参与双创教育初衷、双创竞赛的指导方法、双创教育的投入和学生收获与成果等几方面总结了教师在双创教育的情况。从中可见，在双创教育和竞赛的实践中，教师是双创教育的关键要素之一，对双创团队的成长起着至关重要的作用。唯有教师全心投入双创教育事业，矢志不渝教书育人，才能真正推进双创教育，促进创新型人才培养质量的提升。

五、三融合理念下高校创新创业竞赛教育模式的成效

三融合理念下高校创新创业竞赛教育模式在双创教育实践中成绩突出。近五年中文学院在双创课程建设、双创获奖成果、助力学生实现"创新俭学"和实现理想毕业去向、培养一流双创教

学团队等方面成效显著，实现了双创教育的铸教、育人和铸魂相融合。

（一）三融合型双创一流课程建设成效突出

"创业课程建设是高校创业教育组织的核心职责"[①]，学院面向研究生和本科开设的"创新创业导论""大学生创业教育""'互联网+'汉语国际教育实践""创新创业理论与实践""CDIO 理念下创新创业训练"等双创课程探索课程思政教学改革成效显著，建成双创类省级课程思政示范课一门，省级一流课程一门，初步形成双创示范课程群。

（二）三融合型双创师资建设成效突出

多学科协同的双创教学团队推进双创竞赛教育模式不断深化改革示范效应明显。"创新创业导论"教学团队获评重庆市首批课程思政示范团队，课程组教师获评重庆市首批课程思政教学名师。

（三）双创教育助力人才培养质量显著提升

"学生的创新创业能力是高校创新创业教育的最终落脚点。"[②] 双创竞赛模式改革极大提升了学生创新创业能力，助力他们在国家级、省级双创竞赛成绩突出，居同类文科专业领先。近年来，中文学院涌现"奕鸣教育""律光""踏风行耘"等众多与专业紧密结合的优秀学生创意项目，学院双创获奖成果已连续十年雄踞

[①] 梅伟惠. 高校创业教育的组织模式与运行机制创新研究[M]. 杭州：浙江大学出版社，2020.
[②] 张强，廖成中. 新时代高校创新创业教育理论与实践[M]. 北京：科学出版社，2020.

全校第一，取得 10 多项学校获奖历史突破，其中在中国国际"互联网+"大学生创新创业大赛中，学院获省级竞赛项占全校七年来总获奖数的 60%。最为重要的是，双创教育极大提升了学生的专业素养和实践能力，助力毕业生实现一流的考研升学和高质量的就业创业。广义创新创业理念成为学生内在的坚定选择，优秀毕业生在报效家国的伟大事业中砥砺前行。

创新创业教育是高等教育综合改革的突破口。创新创业竞赛作为高校学科竞赛和创新创业教育的重要组成部分，对于高校来说是以赛促教、以赛促学的重要载体，对于学生来说是实现更高质量能力提升的重要平台，对于教师来说是实现教学改革创新的重要路径。为此，培养适应时代需求的高素质创新人才，需要不断完善创新创业竞赛的教育模式，激发学生参与创新创业的热情，鼓励学生投身创新创业实践，推进创新创业教育广泛深入开展。

第三节 以学科竞赛为载体提升学生创新实践能力的探索与研究

学科竞赛是培养大学生创新实践能力的重要载体和有效途径，它对培养大学生创新思维、创新意识和创业精神，促进高校教育教学改革发挥着不可替代的重要作用。本节拟结合教育实践和调查研究，在总结四川外国语大学中文系开展学科竞赛工作经验的基础上，对以学科竞赛为载体培养汉语国际教育专业学生创新实践能力进行了初步的探索与尝试。

一、汉语国际教育专业学科竞赛概述

学科竞赛是培养大学生综合素质和专业能力,提高创新精神、创新意识和实践能力的群众性科技活动,由教育主管部门、省级及以上社会团体或行业协会,以及学校结合学科和专业特点来组织开展,一般分为国际级、国家级、省级和校级学科竞赛。汉语国际教育专业主要培养具有扎实中文基础和外语基础,具有较高中外文化交流素质,能从事汉语国际教育、外事、外贸等与语言文化传播交流相关工作的中文人才。根据专业特点,在实际工作中我们把汉语国际教育专业相关的学科竞赛划分为三类:中文专业类竞赛、外语类竞赛和综合类竞赛。在专业类竞赛下又可细分为三类:专业基本素养类,即与汉语国际教育专业基本素养紧密结合的比赛,如征文、演讲、辩论等;专业实践技能类,即与专业实践技能培养紧密结合的比赛,如教师模拟大赛、专业实践展评大赛等;专业才艺类,即与培养具有一定中华才艺基础这一人才培养目标相关的比赛,如戏剧竞演等比赛。综合类竞赛主要指学术类比赛和创新创业类比赛,如挑战杯系列竞赛、大学生创新创业训练计划、互联网+大学生创新创业大赛、电子商务三创赛等。

二、学科竞赛对大学生创新实践能力培养的重要意义

创新实践能力一般包括创新意识、创新思维、创新精神及在此基础上形成的实践能力。学科竞赛作为大学生能力培养提升的重要平台,不但是理论知识转换的重要手段,而且是培养创新实践能力的有效载体,对激发大学生学习热情、创新意识,锻炼和

养成创新思维，培养团队协作能力，提升专业实践力，推动拔尖创新人才脱颖而出起着重要作用。

（一）激发学生主动学习热情和创新意识

学科竞赛不同于课堂讲授，更多需要学生自主学习、自主钻研，创造性解决系列难题。当学生参加高水平学科竞赛，面对同台竞技的激烈比拼时，更能激发他们刻苦钻研的学习热情、创新意识和创新精神。

（二）锻炼和养成学生创新思维

系列学科竞赛，尤其是参与综合类创新创业类学术竞赛，学生在攻坚克难的过程中，需要多维度地提炼所学，创造性地运用所学，将知识能力转换为具体实践成果。在历经多次高水平竞赛沉淀积累后，学生的创新思维、创新精神会得到极大的锻炼和显著提高。

（三）培养学生团队意识和组织协调能力

高水平学科竞赛的参赛作品一般多是以学生团队形式共同完成的。整个比赛的过程中，团队成员需要通力配合，为同一目标努力。这就需要他们具有较好的团队意识，能够相互理解、相互配合和相互包容，合理分工，产生最优的团队效益，通力合作，取得最佳成绩。整个备赛过程，是团队成员一起学习、共同成长的过程，是对学生团队意识一次很好的培养。

（四）有利于学生专业知识实践演练

学科竞赛的比赛内容一般高于课堂要求，具有实践性强的特征，需要学生将所学专业基础知识运用到解决具体的实际专业问题。鼓励学生参与竞赛，有利于进一步加强专业知识的实践运用和实战演练，把专业知识真正转化为实际运用能力，以竞赛促教学，以竞赛提能力。

（五）有利于拔尖创新人才的选拔和培养

学科竞赛所营造的竞争氛围，特别是到省市级以上竞赛与各高校优秀学生的交流比拼，参赛学生通过冲刺备赛，不断提高自身专业水平，不断磨砺自身意志品质，不断超越自己，有利于优秀学生脱颖而出，为拔尖创新人才培养奠定基础。

三、以学科竞赛为载体培养学生创新实践能力的主要方法与路径

（一）当前竞赛组织存在问题

当前高校对于学生创新实践能力培养越来越重视，通过组织学生参加各级各类学科竞赛，学生创新实践能力培养取得明显实效，但在组织学科竞赛过程中也存在一些问题，主要表现在：第一，学生参与积极性有待进一步提高，参与面还不够广泛。第二，学生在竞赛参与过程中，参赛指导还需进一步加强，团队协作能力还需进一步提高。第三，竞赛培育载体建设有待进一步加强。第四，竞赛保障机制有待进一步优化。第五，竞赛师资建设需更进一步推动。

（二）以学科竞赛为载体培养学生创新实践能力路径探索

根据学科竞赛组织存在问题，结合汉语国际教育专业自身特

点，六年来我们主要着力从以下四方面进行了教育教学改革与探索。

1. 完善竞赛相关机制建设，构建系列激励保障机制

第一，厚植竞赛参与氛围，强化制度保障。"文化氛围"，广泛利用新媒体平台、校友交流分享会、家校互动等举措，激励引导学生积极参与学科竞赛，不断扩大学生参与比例，深植竞赛文化。"制度保障"，完善相关鼓励学生参加学科竞赛活动的规章制度；专门设立"学术创新奖"称号，对参与竞赛取得优异成绩的学生个人和团队予以表彰；对指导学科竞赛取得突出成绩的老师予以表彰。第二，建立科研中心理论保障机制。专门成立相应的院系竞赛科创中心，以院系学科竞赛师资建设、学科竞赛理论研究、学生实训平台建设和学生生涯导航为工作核心，保障竞赛组织的有力推进。

2. 着力专业竞赛体系建设，构建与专业特点紧密结合的学科竞赛体系

结合汉语国际教育专业特点和人才培养方案，建立多层级多类别的学科竞赛体系。以引导和鼓励学生参加国家级高水平专业竞赛为顶层设计，构建多层级竞赛体系；以专业特点为依据，组织不同类别的竞赛。尤其注重精心组织系列专业竞赛和创新创业竞赛。目前院系层面已形成专业实践展评大赛、对外汉语教师模拟选拔赛、汉语菁英中文综合技能大赛、成语英雄、诗词大会、辩论赛、创新创业论坛、创新计划大赛等10余项常态开展的品牌竞赛。

3. 着力竞赛培育载体建设,构建三类实训实践平台

以国际工程教育改革的最新成果 CDIO 理念为指导,构建以专业实训实验室、专业实习基地和专业学生社团为基础平台的学科竞赛培育体系,促进学生创新实践能力的凝练升级。目前,专业实训室 2 个,中介语语料库分析实验室和基于多语种优势的汉语国际教育人才实训实践实验室在建的有 5 个;实习基地 23 个,其中国内实习实践基地 13 个,海外实习实践基地 10 个;专业学生社团 6 个,有戏剧社、文学社、汉服社、方言社、京昆社、汉语国际教育协会等。三类实践平台可以为学生提供大量的实习实训机会。

4. 加强学科竞赛指导教师队伍建设,为参赛提供师资保障

在师资上,着力加强院系学科竞赛导师团建设。将学科竞赛师资建设纳入院系师资发展规划。以专兼结合的形式,选聘在学科竞赛方面有突出成绩的老师担任导师,选派优秀老师参加竞赛指导相关培训。一对一为参赛学生配备指导教师,保障教师竞赛指导工作量认定。

四、以学科竞赛为载体培养学生创新实践能力主要经验探索

(一)将 CDIO 理念深度融入创新实践能力培养

CDIO 教育理念是近年国际工程教育改革的最新成果。CDIO 代表构思(Conceive)、设计(Design)、实现(Implement)和运作(Operate)。它强调让学生以主动的、实践的、课程之间有机联系的方式学习研究。这种"做中学"理念下的教育模式,是一种

将实践教育与理论教育相结合的教育理念，其能力目标与汉语国际教育专业强调创新型实践人才的素质要求存在相当高的契合性。基于 CDIO 教育核心理念，我们在培养学生时，强调以学生为主体、教师为主导；强调学生在具体实践中提升创新实践能力。

（二）着力实现对学生个性化、精细化指导

实施本科"创新人才"培养计划，坚持一对一精细化开展工作，引导学生个性化发展成才。根据学生特点，一对一为参赛学生配备指导教师，精心辅导学生；学生竞赛中心生涯咨询室一对一接待来访学生。坚持一对一指导学生，是培养拔尖创新人才的一次有益尝试。

（三）实践教学内外结合模式

在汉语国际教育专业人才培养目标中，确立了"培养具有国际视野的创新人才"；在课堂教学中，加大实践教学比重，融入创新思维训练；在实践教学平台打造中，注重加强海外实习基地建设；在课外活动开展中，注重依托学校外语特色，开展"中外文化交流月""游走的世界交流会"等活动。实现"课内课外结合、国内国外结合"的实践教学内外结合模式。

五、以学科竞赛为载体培养学生创新实践能力主要成效

实践证明我们构建汉语国际教育专业学科竞赛体系取得了显著成效。首先，学生参加学科竞赛成绩极为突出，尤其是高水平专业竞赛获奖和创新创业类成果丰硕，学生创新实践能力显著提高。其次，汉语国际教育专业学生积极投身海外汉语教师志愿者，

专业就业对口率提升。最后，得益于竞赛体系培养良好创新思维和突出创新能力，学生就业能力提高，毕业生就业质量提升，毕业生就业选择多元化特征明显，自主创业成果丰硕。

学科竞赛成绩是评价高等院校教育教学质量的一项重要标志，学科竞赛对于提高大学生创新实践能力和就业竞争力具有重要作用。引导和鼓励大学生更广泛参与各层次的学科竞赛，让学生通过学科竞赛的磨砺与锻炼，不但有助于推动教育教学改革，深植校园学术氛围和浓厚学风，为拔尖人才突出创造有利条件，更有助于强化学生创新实践能力培养，促进学生实现更高层次更高质量的就业创业，培养出更多创新型优秀人才。

第四节　"朋辈双创学生导师制"的实践与探索

朋辈教育是近年来为适应新形势对高校教育教学提出的要求和挑战，是探索和改进新生入学适应教育的有效途径，它对于解决大学新生适应问题有着十分重要的意义。本科一、二年级是高校创新创业教育的启蒙阶段，在这一阶段结合朋辈教育，鼓励学生尝试接触双创具有重要意义。本节拟结合亲身教育实践，对在大学新生年级试行"朋辈双创学生导师制"提出我们的初步做法和相关思考。

一、"朋辈双创学生导师制"的积极意义

新形势下，随着经济全球化的纵深发展、网络时代的全面到来以及高等教育跨入大众化阶段的实际，对高校创新创业教育提出

了新的要求。如何在新形势下探索和改进大学生创新创业教育，拓展创新创业教育新的有效工作途径，是当前值得探究的重要课题。

"朋辈双创学生导师制"（简称"朋辈学导制"）是针对当前高校创新创业教育的实际状况做出的一种探索和尝试。所谓"朋辈学导制"，是指从研究生或本科高年级学生中选拔出优秀学生骨干担任新生年级学生的双创朋辈导师，利用他们与新生年龄相当，具有相同或相似的价值观、经验、生活方式等优势，让他们以朋友同辈的身份为新生提供双创课程学习、双创竞赛、双创实训各方面的辅导和帮助，对新生进行合理的教育及引导，以达到更早、更快地发现问题、解决问题的目的。整个朋辈辅导的时间，从新生入校开始，一般为一学年。具体来说，朋辈教育的意义有以下几方面。

（一）加强和推进大学生创新创业教育的现实需要

大学生是十分宝贵的人才资源，是民族的希望，是祖国的未来。加强大学生创新创业教育，培养创新人才，对于加快创新型国家建设具有重要的战略意义。随着经济、社会的发展，进一步加强和推进大学生创新创业教育是一项重大而紧迫的战略任务，也是高校深化教育教学改革的新要求。朋辈学导制正是这一大背景下的一次有益尝试。

（二）朋辈学导制在创新创业教育中有着重要意义

大学新生的入学学习适应问题是大学新生普遍要面临的问题，学校应对所有学生进行一定的入学适应辅导活动，朋辈学导制就是一种行之有效的形式，它对大学新生在较短时间内适应大学生活，改进理想信念、实现角色转变，走好大学生活第一步，促使大学生全面发展等方面都有一定的现实意义和实际应用价值。创新创业教育相对于大一新生而言，是一个较为全新的教育领域，将朋辈学导制引入创新创业教育的启蒙，对于新生了解、熟悉双创教育和积极尝试参与双创具有十分重要的实践意义。笔者在连续五届的大一新生中做了尝试，为大一学生以班为单位配备双创教育学生班导师。目前尽管处于探索阶段，但从教育实践情况来看，已取得了积极的育人效果。

二、"朋辈双创学生导师制"的实践与探索

（一）创新朋辈双创学导制的形式，规范化择优选拔

一是根据实际情况精心设置学生导师。我们根据专业的特点，将"常设导师和临时导师"相结合，设置了多种形式的双创学生导师制。常规形式为设置班级双创学生导师。在此基础上或根据学生参与双创比赛的特点调整，设置双创项目制导师，比如设置1名学导与参赛项目的4~6名学生结对的形式，让学导更有针对性地开展工作。再如在新生参加创新创业等高水平竞赛活动时，邀请有比赛经验的高年级学生专门指导，作为临时的双创竞赛学生导师。

二是规范化择优选拔。学生双创导师作为新生的参与双创的领路人和导航人，对新生的成长成才起着十分重要的作用。为了有效地实行朋辈学导制，必须注意科学选聘和确定朋辈导师。为此我们侧重选择思想素质好、品学兼优、心理素质健康、具有高度奉献精神和责任感的学生骨干加入。首先，扩大申报面，在招

募学生导师时，广泛宣传，鼓励更多符合条件的同学加入；其次，严格准入条件，在个人申报时，我们对学业成绩、担任学生干部经历有所要求；最后，系统化科学选拔，在选拔过程中，采取简历初选、笔试考查和面试答辩相结合的形式，经过科学严格考核，结合学生综合表现，挑选出热心学生干部工作，各方面素质过硬的优秀学生。

（二）加大培训力度，打造高素质朋辈双创学导队伍

学生导师工作的有效开展应建立在规范科学的指导之上。为此应重视对学生导师的培训，制定专门的培训计划和措施，着力提升他们的工作能力。我们成立了朋辈学导团，学导团由一些具有相关专业知识背景和实际工作能力的人组成，包括教育学、心理学、职业规划教育等专业的老师和辅导员老师等。在学生导师正式带班前，由学导团老师通过专题讲座、案例分析、团体辅导、素质拓展训练等多种方式，对学导进行必要的培训，包括教育学、心理学、班级建设、双创教育等多方面的内容，使他们充分具备开展学生导师工作的方法和经验，更有针对性地开展工作。在日常工作中，在学导团老师的指导下定期召开学导工作培训会、优秀学导经验座谈会等方式，不断促使学生导师改进和完善工作方法。

（三）丰富朋辈双创学导制的载体与平台，开展丰富多彩的学导活动

开展系列有针对性、有计划性的朋辈互助活动。一方面是常规的形式，召开定期的主题班会和主题教育活动，如每月固定的

主题班会、主题团日活动等。通过这些常规活动，切实发挥学生导师对学生的指导作用。

另一方面，根据实际情况不断创新学导制的平台和载体。如开设了学生导师讲堂，围绕新生关心的问题，包括双创方法、专业竞赛、生涯发展规划等方面，请在这方面表现突出的学导为新生授业解惑。又如着力建设专业课外研习小组，在专业课教师指导下，以学生导师为组长，按课程分类成立学习研讨小组，让学生自主选择加入，通过小组活动、主题研讨的形式，指导新生尽快了解双创。又如通过校园文化活动载体，开展"我与学导共成长主题征文""我心目中最亲的师兄师姐评选"等系列活动，进一步拉近学导与新生的距离。还可利用微信公众号、微博等新媒体平台不断拓展学生导师开展活动的载体，如在微信公众号开设"学生导师对你说"微课堂，定期推送优秀学生导师先进事迹等。同时，在条件成熟时成立相关朋辈互助学生社团，充分发挥学生社团作用，开展相关活动。

（四）制定完善系列规章制度，构建双创学导制的长效机制

不以规矩，不成方圆。在学导制实施过程中，完善的制度是确保学导制发挥作用的重要因素。我们先后制定了系列规章制度，涵盖三方面内容。首先是学生导师制的组织保障制度，包括制度、资金、场地等方面的保障机制。其次是学生导师择优选拔、教育培训、日常管理、考核评优等各方面的制度。最后是学导制导师团开展工作、考核评优的工作机制，力争建立起完整涵盖学导制度运行的长效机制，如《朋辈双创学生导师制实施方案》《朋辈双

创学生导师工作制度》《朋辈双创学生导师工作指南》《双创学生导师考评细则》《优秀双创学生导师评定标准》《学导制优秀指导教师评定标准》等。

在学导制实施过程中，不仅要求严格执行以上具体的规章制度，对于每次活动也要求有详细的策划实施方案，说明活动的发起原因、活动的目的、活动的具体实施过程以及预期效果，同时根据实施情况和实际效果，不断调整完善学导制的管理、考评、保障制度。只有将学导教育纳入组织建设，严格制定相关制度，才能使学导教育朝着健康有序、规范有效的方向发展。

（五）重视双创学导的考核评优，探索有效的激励机制

在考评方面，我们采取平时考核和学年末相结合的考评制度。平时考核中，主要以学生导师提交学期工作总结、结合所指导学生的反馈来进行。这样既保证了客观性原则，也使评价体现出全面性。在学年末总结中，采取学导自我述职、所带班级学生评价和年级辅导员评价相结合的方式，综合评定学导一年来的成绩与不足，既肯定学导的优点，也指出不足，充分发挥综合评价的诊断反馈作用和激励、监督作用。

在激励措施方面，我们根据考核的情况以及相关制度，开展学导教育效果评比，奖优督劣，对辅导效果好的给予奖励，对存在不足的制定整改计划和措施令其整改。常态化开展一年一度的优秀学生导师评选表彰活动。对考核合格的学生导师颁发评书，按一定比例评选出学习态度端正、成绩优异、能力素质突出的学生，并授予"优秀学生导师""十佳学生导师""学生导师标兵"等荣誉称号，进行宣传表彰，激发学导对工作的热情和自信，实

现"朋辈教育，学导共赢"。

经过实践中的尝试和探索，朋辈双创学导制育人效果明显，主要体现在对新生的成长引领和学生导师自身的成长两方面。对新生而言，它以更贴近新生的形式，帮助学生更快完成从中学生到大学生的角色转变，拥有良好大学生活开端，为大学的学习、成长奠定了坚实基础，积极参与双创实践和双创竞赛，在创新创业的实践中放飞青春梦想。对朋辈导师而言，它让学生导师在助人的同时，实现了学业、心理、工作等多方面素质的提升，实现了自身的成长成才。

第五节 "家校育人共同体"在双创教育中的探索与思考

家访是增进师生间情感交流、加强学生管理教育的有效载体，是促进教师进一步了解学生、提高育人能力的有效途径。家庭是大学生创新创业社会支持体系的最重要组成部分之一，家长群体是高校推进大学生创新创业工作的重要社会资源，能够为大学生创新创业提供建议、心理、资金等多方面的支持，有效促进高校大学生创新创业教育工作。[1]本节对开展"家校育人共同体"建设在双创教育中的重要意义和途径方法进行了初步的探讨和思考。

---

[1] 刘士伟，苏海泉. 大学生创新创业家校共育工作体系面临困境及构建策略[J]. 辽宁经济，2021（6）：89-96.

一、开展"家校育人共同体"建设对双创教育的重要意义

"家校育人共同体"是指在传统家访形式基础上,探索建立的一种新的家校合作共同育人的教育模式。它的具体内涵是指在对学生的教育教学过程中,基于学生成长成才这一中心,进一步密切与学生家长的沟通联系,家校合作共同促进学生教育和成长的一种育人新形式。

在十三年的双创教育中,笔者探索和坚持了"家校育人共同体"建设,加强与学生家长的沟通联系,家校合作推进双创育人;加强家校合作是充分发挥家庭教育作用的需要;借助高校在专业知识与教育理念上的优势,加强家校合作,一方面可以使家长认识到家校合作的重要性;另一方面,在与学校的接触中,家长能够学习到开展家庭教育的理念方法,有利于家庭教育作用的充分发挥。[①]

(一)是加强和改进大学创新创业教育的有益尝试

家访是沟通学校与家庭之间不可或缺的桥梁,这种沟通学校和家庭的教育方式是联系高校教师、家长以及学生的最好途径,能打通学校与家庭沟通的平台,形成家校合力,促进学生全面成长发展,有效推动学生积极参与创新创业,是以新途径推进创新创业教育的有益尝试。

---

① 贾连芝. 高校辅导员家访机制优化研究[J]. 黑龙江高教研究,2015(6):97-99.

（二）是构筑家校情感互助教育模式的实践探索

对家长来说，每个孩子都是家庭全部的希望和所有寄托。进入大学以后，家校联系不像中学时期那样紧密，且大多数学生都是异地求学，第一次远离家，第一次远离父母，独立生活，加之学生的个性愈渐独立等因素，家长很难全面了解学生在校的真实情况。开展家访弥补了这样的不足和缺憾，有助于家长较为详细地了解学生情况，掌握学生的学习、工作等各方面状况，对学生在校的学习加强了解，同时也让家长在子女的教育上更进一步，更为积极、更为主动地参与到学校的教育管理中来。家访能取得家长对教师推进双创教育工作的理解、支持与配合，构建家校情感互助教育模式。

二、"家校育人共同体"在双创教育中的形式探索

"家校育人共同体"核心在于通过家庭和学校共同促进学生的教育，形式一般有传统家访形式和新型家访形式，在双创教育中也是如此。

（一）坚持与学生家长面对面沟通交流的传统家访形式

传统家访形式作为家访的重要方式，其独特作用无可替代，在新生年级开展主要有两种形式，一是新生入学报到时组织小型家长会，二是辅导员与家长一对一的面对面交流。实践证明，传统的面对面交流是最理想的一种家访形式。面对面的交流，不再是学校和家庭之间简单的信息传递，更包含着人与人的情感互动、心与心的共鸣沟通。通过面对面的促膝交谈，家长会感受到老师

对孩子的关心和爱护,加深对老师的信任,极大密切家庭与学校的关系。

(二)尝试探索采用书信、电话、电子邮件等新型家访形式

在实践中,与所带全部学生的家长一一面对面交流,难以在较短时间实现全覆盖。因此可以采取书信、电话、电子邮件等多种途径和家长进行沟通,一来让家长第一时间了解学生在校参与双创学习与竞赛的相关表现,掌握最真实的情况;二来促进老师对学生的日常管理,并和家长形成合力,共同引导学生成长。新型家访形式给我们提供了一个良好的交流平台,为学校与家长的沟通拓展了空间,实现教师与家长之间快捷的信息传递和交流,弥补了传统的家校沟通时效性方面的不足,推动学校教育与家庭教育在双创教育中及时配合与合作。

三、"家校育人共同体"在双创教育中的方法路径探索

我们主要做了以下三方面的探索和尝试。

(一)与学生家长进行深入谈话交流,搭建家校沟通"心桥"

新生入学之初,开学迎新时撰写致学生家长和学生的一封信,详细介绍学校,尤其是学院的基本情况,对家长如何配合学校培养学生提出建议。邀请家长参与到系部新生开学典礼、入学教育等活动中,组织召开家长座谈会,初步搭建与家长沟通的桥梁。入学后,进一步通过电话长谈、电子邮件等方式主动与学生家长开展交流,一方面反馈学生在校学习情况,同时也从家长那里更全面地了解学生,逐步形成家校教育合力。

（二）开展假期新型家访，双创融入家校教育

在大一学年的寒暑假期，坚持开展主题家访。如在大一上期寒假，以"暖冬爱心行，筑家校心桥"为主题，通过实地走访、致家长新春寄语（即针对学生的一对一个性化详细评价）、电子邮件、电话等多种方式，广泛联系年级学生家长，与家长进行深入交流，促膝谈心，着重向家长介绍学校和院系的教育教学培养方案，倾听家长们对院系工作的意见和建议，交流学生入学半年以来在校、在家的表现情况，探讨促进学生发展的教育措施，勉励学生积极参与双创竞赛和实践活动。在大一下学期暑假，以"当学生人生导师，做家长知心朋友，促学生成长成才"为主题，在寒假家访工作的基础上，与家长联系沟通，汇报了学生入学一年以来的在校情况，尤其是参与双创竞赛的情况。根据每名学生的不同特点，"量体裁衣"式地与家长商定共促学生成长的方法措施，制定大学生涯规划和参与双创竞赛的方向，让学生在假期也感受到来自老师的对于他们学习和实践的真诚关心。

（三）与校园活动相结合，家校共同推进双创教育

结合双创教育特点和学年计划，开展系列"家校共育"的主题活动：在大一第一学期的中期，开展"我心目中的创新创业"主题教育系列活动：通过主题班会等形式，让学生分享对双创教育的初步认识和初步感受；让学生用传统书信纸手写致父母的一封信，在书信中畅谈入学以来学习的收获、对所参与的创新实践活动的心得体会，以及未来在创新创业教育方面的规划；在大一寒假，布置特殊寒假作业——为父母做一件最贴心的创意小事，用创新的方式表达对父母的关心；在大一下学期开学，开展"创

新讲述我眼中的家乡"活动,鼓励学生在假期收集家乡风土人情的相关资料,做成课件,以同学们喜闻乐见的形式在班会上讲述分享,进行评比。在本科低年级阶段,通过一系列活动,深化家校共同体育人效果,鼓励和呵护学生参与创新创业的积极性;在大学二、三年级阶段,结合专业课学习,通过寄送给家长的学期评语、家校"心桥"主题征文、"我与创新创业"主题征文等活动进一步激发学生参与创新创业的热情,鼓励学生踊跃参与创新创业实践与竞赛。在大学四年级上学期,结合毕业生求职就业活动,调研了解家长对学生未来职业发展的期待,结合学生自身求职特点,开展简历工坊、就业创业一对一咨询等活动。在整个大学学习阶段,通过系列活动的开展,密切家校联系,家校共同促进学生参与创新创业的热情,引导学生投身专创融合的创新创业实践,促进学生高阶创新实践能力的形成。

结论与研究展望

针对高校中文专业双创教育的现状和问题，结合新文科建设赋予人文社科类专业双创教育的新内涵和新要求，本研究系统阐释和探讨了新文科建设背景下，高校中文专业创新创业教育在顶层设计、教育模式、课程建设、实践教学体系和竞赛组织模式等方面的建设理念、建设路径和实践举措，同时试探索人文社科类专业创新创业教育的一般规律。

在新文科建设背景下，高校中文专业创新创业教育是在广义双创教育理念指导下，强调以专业教育、思想政治教育与双创教育深度融合为顶层设计，面向全体学生开展的广谱式双创教育。

它是一种新的素质教育，也是一种强化本专业实践能力养成的价值创造教育。具体来说，应以培养学生基于所学专业的创新思维、创业精神和创新实践能力为教育目标，以课堂教学和实践教学为主要载体，培养学生面向未来开创事业、开创志业、开创人生所必备的品格、意志、知识、思维和能力，推进学生将理论知识转化为应用能力，形成解决本专业实际问题的高阶实践能力，真正实现学以致用。为此，我们必须以新文科倡导的文科教育创新发展理念和双创教育的人才培养目标为纲，从双创教育的各组成要素进行改革与创新，建立起与中文专业人才培养特点深度契合的双创教育模式。本研究结合笔者十三年来深耕双创教育的理论研究和实践探索，根据人文社科类专业创新创业教育的一般规律，建立起新文科理念下中文专业创新创业教育新模式，即专业教育、思想政治教育与双创教育深度融合的顶层设计，以中华优秀传统文化为双创教育的灵魂，强化专创融合教育目标；建设贯彻工程教育"做中学"理念的分层次、分阶段双创教育课程体系；建立"三层次、四模块、多平台""递进式"的双创教育实践教学体系；建立"专思创"三融合的双创竞赛组织与双创项目培育模式；构建和完善相适应的双创师资建设、激励制度等系列保障制度；厚植"敢创会闯"的双创文化氛围。中文专业双创教育新模式坚持立德树人根本，以专业教育、思想政治教育和双创教育深度融合为主要目标，以"思想铸魂、实践育才、创新赋能"为鲜明特色。实践证明，这一教育模式能有力推进本专业学生价值素养、专业能力和高阶实践能力的提升，培养具国学根柢、世界眼光、创新能力的中文专业人才，助力学生实现更高质量的就业创业。中文专业属于人文社科类专业，有着人文社科类专业的典型特点，同时也有着自身的发展特色。针对中文专业的创新创业教育研究一定程度上能够为同类文科专业双创教育开展提供借鉴和参考。

为此，通过本研究，我们也试图初步探讨人文社科类专业有效开展创新创业教育的一般规律：在新文科教育背景下提升人文社科类创新创业教育的水平，应该从以下几方面着力：第一，应结合专业特点和人才培养目标，确立本专业开展双创教育的定位和目标，明确本专业开展双创教育的核心理念与建设思路。第二，应建立有鲜明专业特点的双创教育顶层设计，真正将双创教育融入人才培养全过程。在双创教育顶层设计中将本专业的双创教育目标与社会实际发展需要紧密结合，围绕社会发展现实需要，强化专业理论教育与实践教育的深度融合、人文学科与理工科的交叉融合，体现新文科教育创新发展的理念。第三，以课堂为主渠道推进双创教育，建立"阶梯式""全链条"双创教育课程体系。重点建设双创通识课、专创融合型专业课程和双创实训课程，以一流课程建设为抓手，分阶段、分层次推进双创课堂教学改革，融现代教学技术数字化赋能双创教育，以教学方法和教学模式的不断创新提升双创课程教学质量，建设社会实践型双创"金课"。第四，推进双创教育师资建设。构建以本专业专任教师为主体、多学科交叉合作的校本双创师资队伍，制度化邀请校外业界导师进行实训指导，探索以"虚拟教研室"等创新组织形式开展跨区域、跨校际师资协同育人。第五，构建借鉴工程教育理念指导的双创实践教学体系。加强双创教学研究专门机构和双创实训基地建设，充分发挥实习实训基地作用，以"师生双创学习共同体"等方式加强对学生双创实践的精细化指导。第六，将本专业高水平学科竞赛视为人才培养的重要组成部分，建立有效的学科竞赛组织模式和优秀学生科研、实践项目选培模式，切实发挥中国国际"互联网+"大学生创新创业大赛等高水平双创竞赛的育人作用，以赛促学，以赛促创，不断提升学生高阶实践能力。第七，构建和完善本专业双创教育系列相关制度，保障双创教育改革发展有序推进；厚植人文学科开展广义双创教育的文化氛围；创新建设适应于本专业特点的双创教育新方法、新路径，探索本专业双创教育的特色发展之路。

限于研究时间、研究视野和研究积累的主客观因素影响，本研究也存在以下不足：在工程教育理念贯穿中文专业创新创业教育模式的系统性研究上论述显得不足；对构建中文专业创新创业教育相关保障机制的建设阐释相对不够系统；对中文专业创新创业竞赛获奖项目特征分析不够深入；在提炼人文社科类专业开展创新创业教育一般规律上还有待进一步深化。

同时笔者在研究过程中也发现了值得进一步深入研究的问题和方向：中文专业专创融合教育生态体系研究、中文专业创新创业优秀学生个案研究、人文社科类专业创新创业课程典型个案研究、人文社科类创新创业竞赛获奖项目分析与研究、人文社科类专业创新创业实践教学体系研究等。未来，在新文科建设持续推进的过程中，笔者将不断总结双创教育实践经验，进一步提升对双创教育的研究能力，以期不断推进人文社科类专业双创教育的理论与实践研究。

主要参考文献

[1] 别敦荣. 人文教育、文科教育、"新文科"建设概念辨析与价值透视[J]. 高等教育研究. 2022（8）：79-83.

[2] 曹扬. 转变经济发展方式背景下高校创新创业教育问题研究[D]. 长春：东北师范大学，2014.

[3] 曾大兴，纪德君. 古代文学教学创新与大学生能力建设[M]. 广州：广东高等教育出版社，2006.

[4] 常飒飒. 基于核心素养发展的欧盟创业教育研究[D]. 长春：东北师范大学，2019.

[5] 陈爱雪. "互联网+"背景下大学生创新创业教育的新模式探究[J]. 黑龙江高教研究，2017（4）：142-144.

[6] 陈鼐册，李航，张崴，等. 专创融合视角下的高校创新创业课程体系构建[J]. 实验室科学，2020（5）：236-240.

[7] 陈晓东. 卫生类高职院校创新创业教育模式构建的研究[D]. 桂林：广西师范大学，2018.

[8] 成希. 研究型大学创新创业教育生态系统构建研究[D]. 长沙：湖南师范大学，2018.

[9] 丁伟. 课程思政视角下的创新创业教育课程建设[J]. 东华大学学报（社会科学版），2018（4）：242-246.

[10] 樊丽明，杨灿明，马骁，等. 新文科建设的内涵与发展路径（笔谈）[J]. 中国高教研究，2019（10）：10-13.

[11] 樊丽明. 中国新文科建设的使命、成就及前瞻[J]. 中国高等教育，2022（12）：21-23.

[12] 樊熙梦. 大学生创新创业教育模式研究[D]. 长春:吉林大学，2019.

[13] 傅博娜，张敏，张慧. 朋辈心理互助与大学生心理健康[J]. 高校辅导员学刊，2009（10）：42-45.

[14] 葛文杰. "双一流"建设背景下的高等工程教育重塑与课程教学深度改革[J]. 中国大学教学，2021（9）：53-61.

[15] 耿乃国. 高校辅导员工作理论与实务[M]. 北京：北京师范大学出版社，2011.

[16] 顾涵，钱斌，张惠国，等. 基于学科竞赛的应用型本科院校创新能力培养模式探索与实践[J]. 实验室研究与探索，2019（8）：213-215+281.

[17] 关晓. B省S高校创新创业教育管理模式研究[D]. 西宁：青海师范大学，2020.

[18] 郭庆民. 打造人文学科一流课程重在教学环节[J]. 中国大学教学，2021(7)：52-57.

[19] 郭睿. 学科教学知识：汉语教师应具备的核心知识[J]. 国际汉语教学研究，2015（4）：78-86.

[20] 国家大学生创新创业训练计划专家工作组. 砥砺十年星火燎原：国家大学生创新创业训练计划十周年 改革篇（上）[M]. 北京：高等教育出版社，2018.

[21] 国家大学生创新创业训练计划专家工作组. 砥砺十年星火燎原：国家大学生创新创业训练计划十周年 回眸篇[M]. 北京：高等教育出版社，2018.

[22] 何新生，张涛. 增强朋辈群体凝聚力，提高朋辈教育实效性[J]. 学校党建与思想教育，2012（33）：21-23.

[23] 胡斌彬. 中华优秀文化传承与创新人才培养模式改革探索——以华侨大学汉语言文学专业实践教育为例[J]. 大学教育, 2021（7）: 27-29+41.

[24] 胡燕琴. 高校创新创业教育与专业教育融合研究——以深圳大学为例[D]. 深圳: 深圳大学, 2020.

[25] 黄兆信, 杜金宸. "双一流"建设高校学生对创新创业课程质量满意度研究[J]. 华东师范大学学报（教育科学版）, 2020（12）: 33-41.

[26] 黄兆信. 众创时代高校创业教育新探索[M]. 北京: 中国社会科学出版社, 2016.

[27] 江傲霜. 汉语国际教育本科专业创新人才培养模式探索——以中央民族大学为例[J]. 国际汉语教育（中英文）, 2020（3）: 20-29.

[28] 阚婧. 我国高校创新创业教育的实践探索——以大连理工大学创新创业教育基地为例[D]. 大连: 大连理工大学, 2011.

[29] 李国锋, 张世英, 李彬. 论基于学科竞赛的大学生创新能力培养模式[J]. 实验技术与管理, 2013（3）: 24-26+34.

[30] 李建庆. 大学生创新创业教育研究[M]. 成都: 四川大学出版社, 2019.

[31] 李锦旺. 中国古代文学教学改革与课程建设的探索与思考[J]. 浙江教育学院学报, 2006（3）: 48-52.

[32] 李兴光. 创新创业教育对大学生创业意向的影响机制与路径研究[D]. 北京: 对外经济贸易大学, 2020.

[33] 刘海春. 朋辈教育: 高校通识教育的新路径[J]. 中国青年政治学院学报, 2014（6）: 65-68.

[34] 刘荣. 当代中国美术院校的创新创业教育模式探索[D]. 西安：西安美术学院，2017.

[35] 卢家楣. 情感教学心理学研究[J]. 心理科学，2012（3）：522-529.

[36] 栾培新. 基于STS的创新创业教育研究[D]. 沈阳：东北大学，2018.

[37] 周琼. 我国高校创业教育模式研究——以A校为例[D]. 福州：福州大学，2018.

[38] 吕林海. 中国大学"新文科教育"建设：价值蕴意、核心内涵与实践路径[J]. 大学教育科学，2021（5）：49-59.

[39] 马多秀. 朱小蔓教授情感教育思想探析[J]. 教育研究，2020（8）：150-159.

[40] 马俊平. 高校思想政治教育和创新创业教育协同育人研究[M]. 北京：中国水利水电出版社，2018.

[41] 毛殊凡. 高校朋辈教育作为教育理念的必要性及理论支撑[J]. 高校辅导员，2014（5）：4.

[42] 梅伟惠. 高校创业教育的组织模式与运行机制创新研究[M]. 杭州：浙江大学出版社，2020.

[43] 闵睿. 大连市高职院校"双创"教育模式研究[D]. 大连：辽宁师范大学，2019.

[44] 聂晓霞，赵晓霞，范晓慧. 以学生发展为中心的本科课堂教学改革的探索与实践[J]. 创新与创业教育，2020（2）：123-126.

[45] 潘爱华. 朋辈教育模式在高校思想政治教育中的实践[J]. 学校党建与思想教育，2011（20）：45-46.

[46] 裴小倩，严运楼. 高校创新创业教育协同机制研究[M]. 上

海：上海交通大学出版社，2018.

[47] 裴秀芳，谢丹，杨晓. 基于核心素养的情感教学：内涵及策略[J]. 教育理论与实践，2020（26）：49-52.

[48] 商慧. 高校创新创业教育模式研究——以南京财经大学为例[D]. 南京：南京理工大学，2017.

[49] 尚大军. 大学生创新创业教育的课程体系构建[J]. 教育探索，2015（9）：86-90.

[50] 沈昌明. 地方高校汉语言文学专业学生创新创业能力培养的探索与实践[J]. 安徽农业大学学报（社会科学版），2014（2）：136-140.

[51] 盛红梅. 新时代大学生创新创业价值观研究[D]. 长春：东北师范大学，2020.

[52] 师海英. 创新创业教育背景下项目导向教学模式在《应用写作》课程中的运用——以中文专业宣传片文案写作教学为例[J]. 湖北开放职业学院学报，2019（17）：2.

[53] 舒霞玉. 我国高校创新创业教育课程建设研究[D]. 长沙：湖南大学，2021.

[54] 宋玲. 高校职业生涯规划教育中朋辈教育的运用研究[J]. 思想政治课研究，2014（4）：33-37.

[55] 宋妍. 高校创新创业教育与思想政治教育关系研究[D]. 长春：东北师范大学，2017.

[56] 宋之帅. 工科高校创新创业教育模式研究[D]. 合肥：合肥工业大学，2014.

[57] 隋耀伟，高海英. 大学生就业指导课程"双主模式"任务驱动型教学实践研究[J]. 长春师范学院学报（人文社会科学

版），2012（1）：150-151+130.

[58] 孙建青. 辅导员如何深入做好家访工作[J]. 高校辅导员学刊，2011（1）：88-90.

[59] 孙长缨. 当代大学生就业研究[M]. 北京：高等教育出版社，2008.

[60] 童晓玲. 研究型大学创新创业教育体系研究[D]. 武汉：武汉理工大学，2012.

[61] 王丹荣. 汉语言文学专业创新人才培养模式初探——基于湖北文理学院近五年毕业生就业状况的调查[J]. 湖北文理学院学报，2019（7）：65-69.

[62] 王佳琦. 面向创新生态系统的档案学专业创新创业教育模式研究[D]. 沈阳：辽宁大学，2021.

[63] 王克. 高校创新创业探究[M]. 北京：北京时代华文书局，2020.

[64] 王兰. 高校计算机专业学生创新创业教育模式研究[D]. 成都：西南交通大学，2011.

[65] 王蕾，张巧英. 基于学科竞赛的高校实践教学体系创新研究[J]. 教育理论与实践，2015（6）：43-44.

[66] 王鹏. 高职大学生创新创业大赛现状分析与"四位一体"创新创业教学模式构建研究[D]. 桂林：广西师范大学，2021.

[67] 王青迪. 大学生创新创业教育与就业指导[M]. 上海：上海三联书店，2020.

[68] 王晓民，李妙然. 高校探究式教学过程及运行环境分析[J]. 中国成人教育，2017（11）：100-103.

[69] 王新华，王娜. 论课程思政改革的价值引领[J]. 学校党建与

思想教育，2021（2）：52-54.

[70] 王占仁，吴晓庆. 创新创业教育对大学生思想政治教育的重要贡献论析[J]. 思想教育研究，2016（8）：33-37.

[71] 王占仁. "广谱式"创新创业教育概论[M]. 北京：人民出版社，2016.

[72] 王占仁. 中国创新创业教育大事记 1978—2018[M]. 北京：社会科学文献出版社，2021.

[73] 王智腾，郝文婷. 新文科创新创业教育：内涵、模式和评价[J]. 宁波大学学报（教育科学版），2023（1）：102-110.

[74] 韦春北. 把握好课程思政改革创新的四个维度[J]. 中国高等教育，2020（9）：22-23+56.

[75] 文学禹，韩玉玲. 新时代高校课程思政教学创新研究[M]. 长春：吉林大学出版社，2020.

[76] 吴爱华，侯永峰，郝杰，等. 以"互联网+"双创大赛为载体深化高校创新创业教育改革[J]. 中国大学教学，2017（1）：23-27.

[77] 吴海江. 创新创业教育研究[M]. 北京：冶金工业出版社，2019.

[78] 吴旭红. 主体参与式教学模式与"大学生职业发展与就业指导"课程的关系研究[J]. 浙江工业大学学报（社会科学版），2011（1）：82-86.

[79] 吴岩. 建设中国"金课"[J]. 中国大学教学，2018（12）：4-9.

[80] 郗婷婷. 高校创新创业类课程与专业课程融合路径[J]. 科技创业月刊，2020（3）：143-146.

[81] 席升阳. 我国大学创业教育的理论与实践研究[D]. 武汉：华

中科技大学，2007.

[82] 向春霞.一流大学建设高校创新创业教育模式探析——基于2016年《本科教学质量报告》的文本分析[D].武汉：华中科技大学，2019.

[83] 谢和平.以创新创业教育为引导全面深化教育教学改革[J].中国高教研究，2017（3）：1-5+11.

[84] 徐纯正.论思想政治教育与创新创业教育的协同作用[J].学校党建与思想教育，2020（10）：92-94.

[85] 徐新洲.以"两融合"驱动"双一流"高校创新创业教育研究[J].学校党建与思想教育，2020（20）：70-72.

[86] 徐雪梅：高等师范院校研究生教育中的创新意识培养——内蒙古师范大学中文专业研究生培养模式调查[J].内蒙古师范大学学报（教育科学版），2018（8）：20-23.

[87] 杨超.公益创业教育价值研究[D].长沙：湖南大学，2017.

[88] 易丹，蔡青.汉语国际教育专业本科实践教学中的问题及对策研究[J].广西教育学院学报，2016（4）：153-157.

[89] 游敏惠，朱方彬，邓安平.类型学视野下高校创新创业教育的分层分级分类模式探析[J].重庆邮电大学学报（社会科学版），2014（5）：139-143.

[90] 袁琳.创新创业理念下高等职业院校韩语教育模式研究[D].济南：山东大学，2020.

[91] 张博文.聊城职业技术学院创新创业教育实证研究[D].济南：山东师范大学，2021.

[92] 张大良.课程思政：新时期立德树人的根本遵循[J].中国高教研究，2021（1）：5-9.

[93] 张佳景，张子睿. 思创融合实践研究：关于思想政治教育与创新创业教育融合的实践探[M]. 北京：中国农业科学技术出版社，2020.

[94] 张建政，孙天玥，马瑞娜，等. 高校创新创业教育刍议：概念、现状与路径思考[J]. 河北农业大学学报（农林教育版），2017（6）：49-53.

[95] 张丽慧. 英国高校创业教育模式研究[D]. 天津：天津师范大学，2016.

[96] 张男星，张炼，王新凤，等. 理解OBE：起源、核心与实践边界——兼议专业教育的范式转变[J]. 高等工程教育研究，2020（3）：109-115.

[97] 张男星. 以OBE理念推进高校专业教育质量提升[J]. 大学教育科学，2019（2）：11-13+122.

[98] 张强，廖成中. 新时代高校创新创业教育理论与实践[M]. 北京：科学出版社，2020.

[99] 张天舒. "新文科"拔尖人才培养质量的实证研究[J]. 中国大学教学，2020（7）：71-75.

[100] 张学亮. "双创"视阈下大学生就业教育研究[D]. 重庆：西南大学，2017.

[101] 周文德. 基于CDIO理念的对外汉语研究生培养模式探索与实践[A]// 澳门大学、中央民族大学、美国罗德岛大学. 全球化的中文教育：教学与研究——第十四届国际汉语教学学术研讨会论文集，2017.

[102] 张勇. 激活朋辈教育功能，提升高校思想政治教育实效性的探索与实践[J]. 思想理论教育导刊，2013（2）：114-116.

[103] 张子睿,魏燕妮. 课程思政实践研究[M]. 北京:中国农业科学技术出版社,2020.

[104] 王琥. 高校新生年级家访工作的实践与思考[J]. 文教资料,2013(11):170-171.

[105] 王琥 CDIO 理念下的"创新创业导论"课教学改革[J]. 西部素质教育,2021(8):146-147.

[106] 王琥. 三融合理念下创新创业课程"赛课合一"教育模式研究[J]. 科学咨询,2021(4):72-73.

[107] 王琥. 汉语国际教育专业创新创业教育专创融合的实现路径[J]. 文教资料,2020(33):126-127.

[108] 王琥.CDIO 理念下汉语国际教育专业实践教学体系研究[J]. 文教资料,2019(34):47-48.

[109] 王琥. 基于课程思政理念的"语言文化与社会"金课建设探索[J]. 西部素质教育,2021(16):39-41.

[110] 赵超. 大学创新创业教育与科技型中小企业创新发展影响因素及协同演化研究[D]. 徐州:中国矿业大学,2020.

[111] 赵光锋,肖海荣. 创新创业教育:让大学生走在时代的前沿[M]. 北京:中国纺织出版社,2018.

[112] 赵金华. 基于科技创新的我国理工院校创业教育[D]. 南京:南京师范大学,2014.

[113] 赵军. 吉林大学学生创业教育模式研究[D]. 长春:吉林大学,2007.

[114] 赵亚翔. 文科高校本科教育的"专创融合":框架建构与教学实践[J]. 西南政法大学学报,2019(4):118-129.

[115] 《中国"互联网+"大学生创新创业大赛指南》编写组.中国

"互联网+"大学生创新创业大赛指南（2019）[M]. 北京：高等教育出版社，2019.

[116] 周文德."沱"与"坨"地名的文化差异[J]. 中国地名，2012（4）：21.

[117] 王琥. 基于CDIO理念的高校创新创业教育模式研究[J]. 科学咨询（科技·管理），2022（8）：142-144.

[118] 王琥. 三融合理念下高校创新创业竞赛教育模式的探索与实践[J]. 西部素质教育，2022（9）：88-90.

[119] 王琥. OBE理念下"大学生创业教育"金课建设的研究与实践[J]. 科学咨询（教育科研），2021（5）：44-45.

[120] 王琥. 中国古代文学课互动式教学初探[J]. 青年作家（中外文艺版），2011（2）：93.

[121] 王琥. 大学生就业指导课教学方法改革探索[J]. 文教资料，2013（5）：188-189.

[122] 朱晓东，顾榕蓉，吴立保. 基于CDIO理念的创新创业教育与专业教育融合发展研究[J]. 江苏高教，2018（2）：77-80.

[123] 王琥. 以学科竞赛为载体提升汉语国际教育专业学生创新实践能力的探索与实践[J]. 文教资料，2017（5）：107-108.

[124] 王琥. 大学生创新创业教育模式的探索与实践——以四川外国语大学中国语言文学类专业为例[J]. 文教资料，2017（1）：158-159.

[125] 王琥，魏蔚. 课程思政理念下"语言与文化"课"情感教学"模式的改革与探索[A]//祝朝伟. 高等教育教学改革研究（第八辑）. 成都：四川大学出版社，2021.

[126] 刘弘. 借助"创新创业培育项目"，提升汉语国际教育本科

人才培养质量——以华东师范大学为例[J]. 国际汉语教育（中英文），2020（3）：30-38.

[127] 王琥. 课程思政理念下"创新创业导论"在线教学的实践与探索[J]. 科学咨询，2021（12）：242-243.

[128] 王琥."创新创业导论"课程思政教学案例[A]//范卿泽，邓成超. 高等学校课程思政建设探索与实践. 重庆：重庆出版社，2022.

[129] 袁益. 高校创业教育模式研究[D]. 上海：上海师范大学，2012.

[130] 教育部高等学校教学指导委员会. 普通高等学校本科专业类教学质量国家标准[S]. 北京：高等教育出版社，2018.

[131] 华林甫. 中华地名史话[M]. 北京：人民出版社，2018.

[132] 寇冬泉. 我国情感教学研究：特点、问题与前瞻[J]. 内蒙古师范大学学报（教育科学版），2006（2）：123-126.

[133] 黄林楠，丁莉. 构建大学生创新创业教育模式的探索[J]. 工程高等教育研究，2010（6）：158-160

[134] 安冉."双创"视角下地方财经类院校实践教学模式改革研究[D]. 济南：山东财经大学，2017.

[135] 刘士伟，苏海泉. 大学生创新创业家校共育工作体系面临困境及构建策略[J]. 辽宁经济，2021（6）：89-96.

[136] 贾连芝. 高校辅导员家访机制优化研究[J]. 黑龙江高教研究，2015（6）：97-99.

[137] 朱恬恬，舒霞玉. 我国高校创新创业教育课程建设的调研与改进[J]. 大学教育科学，2021（3）：83-93.

[138] 王琥. 基于 CDIO 理念的大学语文教学改革研究[J]. 文教

资料，2017（20）：29-30.

[139] 刘卫东，雷轶. 基于人才培养全过程的创新创业课程体系建设研究[J]. 国家教育行政学院学报，2017（8）：8-14.

[140] 成希，张放平. 基于核心素养理念的高校创新创业教育课程建设[J]. 大学教育科学，2017（3）：37-42+50.

[141] 陈婉琳，陈杭，齐炜，刘清君. 基于创新创业全生命周期的交叉学科双创课程建设——以浙江大学"医学仪器的创新设计与实践"课程为例[J].高等工程教育研究，2022（4）：86-90.

[142] 范俊峰，邓苏心，王海霞. 高校创新创业教育与思政教育深度融合刍议[J]. 学校党建与思想教育，2022（23）：85-87.

[143] 庄岩，刘洋. 高校创新创业教师队伍建设路径探析[J]. 中国高等教育，2022（18）：36-38.

[144] 范俊峰，邓苏心，王海霞. 高校创新创业教育与思政教育深度融合刍议[J]. 学校党建与思想教育，2022（23）：85-87.

[145] 庄岩，刘洋. 高校创新创业教师队伍建设路径探析[J]. 中国高等教育，2022（18）：36-38.

后 记

岁月伴着人生的脚步匆匆悄然流逝。悠然间，2023年已是我从事创新创业教育的整十三年，第十四个年头。作为一个与创新创业教育深刻结缘近十四年，历经了创新创业教育十四年岁月"磨砺"的老师，在这十四年四千多天的时间里，我与我的学生一起在双创中成长：看到过无数或成功或失败的创新创业故事；陪伴过无数优秀学子为创新创业全力以赴拼搏、努力的时光；见证过无数热爱实践、扎根创新创业实践的学子，为实现青春梦想夙兴夜寐流下的汗水与泪水。这近十四年的双创教育经历，每一天的双创记忆都弥足珍贵：如同笔者所指导的中文学院2019届优秀学生蒋世林在一次双创获奖代表发言中所说的那样："在自己大学四个年头周末的时光里，因参加市级双创决赛几乎匆匆走遍了重庆主城的高校，领略过初春时节重庆大学的校园风光、气温爆表时南山重庆邮电大学的校园景致、盛夏暴雨中的大学城重庆师范大学、金秋重庆理工大学的花溪河畔、深秋时节的重庆科技学院、隆冬中四川美术学院的'田园'风光、阴雨绵绵北碚缙云山麓西南大学的旖旎风光……近四年的时间里十多所高校的周末一日游，那是一年四季春、夏、秋、冬不同校园的鸟语花香……一年复一年，大学四年都在双创中筑梦成长。每当在这个时候，王老师都是一个独特的存在，因为几乎只有他是坚守全程的老师：比赛前一整天一整天带着我们进行调研、打磨作品，比赛当天从早到晚的全程陪伴……他始终和我们在一起，陪我们经历成功的喜悦，也陪我们体验失败的辛酸……他甚至好多次被当成了参加双创比赛的学生，因为他比学生更投入、更积极、更专注、更拼命……双创市级决赛一般耗时至少一整天，大多在决赛当天的微微晨曦就要从学校出发，一直到夜幕降临才返回学校。每一次双创征程的披星戴月，都有王老师不变的守护与守候……他是我们的导师，也是我们年级200多人参与双创的'月老'，更是双创'获奖王'，好多次市赛我们年级的同学获奖总数都占到了全校的一半以上……"世林同学的发言把我的记忆拉回了那一年的9月，那是2015年他们刚刚入学报到的时候。一天中午，我通过一次电话长谈，鼓励才入学的他们参与当年的重庆市大学生创新创业大赛，而后利用中午、晚上的课余时间指导他们形成创意、进行调研、写作计划书。这次参赛，身为大一新生的他们"突破性"地入围了校级决赛。同时，世林同学所在的中文学院大一新生年级组队参与比赛的团队数占到了学校参赛团队总数的接近五分之一……而后的近四年时间里，世林同学一直执着坚持在双创教育中筑梦成长，收获了数十个竞赛荣誉，甚至成为他们年级参与双创的学生导师，参与和培育了众多双创获奖项目。也是在那几年的双创赛场，我和我的学生团队包揽了学校近60%的双创省级奖项，作为纯文科院校项目一次一次在激烈竞争中创造了学校双创获奖的突破，争得了川外双创荣耀……世林是笔者十多年来指导的众多参与双创学生中的其中一员，也是最为优秀的学生之一。也是在这四年时光里，以双创教育为纽带，师生间积淀了一辈子的情分。在世林同学之后，中文学院的双创优秀学生薪火相传，中文学院双创优秀项目如雨后春笋一般涌现，逐渐形成了全校独树一帜的双创教育氛围。同学们在踊跃参与创新创业实践的过程中，续写了一个又一个有关双创的成长故事。

今天这个时代赋予了大学创新创业教育更为丰富的内涵，笔者始终笃定地认为双创教育是价值创造教育，它让每名学生结合所学专业，主动地发现问题、研究问题，进而提出解决方案，为社会和他人创造价值；双创教育是高阶实践教育，它让每名学子将所学理论知识转换到实际运用的真实场景，在实践中检验知识，在实践中养成能力，真正实现学以致用；双创教育更是梦想教育，它似一颗充满无限可能的种子激发每名学子思维的火花、内在的潜能、成长的动力，让学生们自我赋能，进而持之以恒地去开创未来，开创事业，开创人生，实现梦想，遇到如诗、如歌、如梦般的未来；双创教育也是爱的教育，它充满了温度，沉淀了情感，让学子们关切身边的现实，因为这份关切去创新、创造，在一段段创新创造的过程中写下师生情义、写下团队情义，书写一段段热血青春。正因如此，大学的双创教育对于每名学子都意义非凡，不论专业。对于高校人社会科学类专业而言，双创教育有着不一样的特点和价值，人文学科的创新创业教育如何有效开展，让双创教育融入教育的全过程培养环节，让双创教育深度融入专业教育，实现双创教育本质的价值创造教育、实践教育和梦想教育，激发学子成长的动力，帮助每名学子成长，是一个值得深入关注和探讨的话题，或许也是每一名教育工作者都要思考的问题。

不同于理工类和医学类专业，人文社科专业创新创业教育有其自身的特点和规律。在教育实践中，我们始终强调人文学科的双创教育更要深刻凸显出教育的温度和情怀。中文专业的双创教育更要紧密结合专业特点，突出中文人传承中华优秀传统文化的使命和担当，注重双创教育对学生思想和灵魂的塑造。近十四年来，四川外国语大学中文学院致力于双创教育理论研究和实践经验探索，以"探路者"和"求索者"的身份探索出一条人文社科类专业深入开展创新创业教育的可行路径。希望这些理论和实践能够为更多文科专业创新创业教育模式的求索者和坚守者提供有价值的参考和示范。面向无限可能的未来，作为文科双创人、中文双创人，我们一直在路上，执着在路上，路漫漫其修远兮，心之所向，素履以往。

回首总结近十四年双创教育经验，学生的一个个双创故事历历在目：犹记得第一次鼓励学生参与创新竞赛是在2009年高温酷暑下的课堂，年轻气盛的我激情澎湃地勉励学生开阔学习视野，积极关注专业相关的创新实践；不会忘记第一次创造学校双创获奖纪录的2014年深秋，我们的参赛作品经数十次修改打磨和数十次调研迭代，历时整十个月的全力拼搏，终于结出了最灿烂的果实，在全国大学生"挑战杯"创业计划竞赛中首次获得国赛奖励。即使此时此刻，在写作的间歇，我还在指导学生为萌芽的创意调研……近十四年来，一个个关于学生成长的故事，让我更加深刻地体会到了教育是根植于爱的事业。学生的成长成才始终是作为教师的我们最大的牵挂。十四年，这一段以爱为名、以双创为媒、与学生一同为双创梦想走过的奋斗时光，铸就了我和学生间最为深厚的情义；十四年，这一段同学生一起与双创结缘、与双创相知的执着时光，青春无悔，梦想花开；十四年，这一段在文科双创教育路上筚路蓝缕、矢志不渝全心耕耘的时光，助力学生遇见了如诗如歌如梦的未来。愿续写同学生的双创故事,开启下一个与学生一起双创的十四年!如一次在学校新文科教育论坛做双创教育经验分享时所讲的那样:十多年来,我和我的学生在双创中感情越来越深厚。情不知所起,一往而深;情之所以,任时光沧桑,岁月变迁,仍初心如磐,我愿意和我所有的学生一起,将我们的双创故事进行到底。一以贯之、全力以赴地陪伴、指导学生们,用时间、青春和生命去灌溉他们的成长梦想。

  这十四年的每一天,笔者一直为推进双创教育而努力,一门门双创课程的建设不仅仅是完成教学任务,更是一次次全心努力为学生打造更好成长平台的心血结晶;一个个学生双创项目从零到一历经几个月甚至数载的培育和孵化,不仅仅是课后实践,更是一次次为学生筑梦未来的为爱坚持;一个个获奖不只是荣誉,更是一段段刻骨铭心的有关学生成长、收获、实现梦想的双创情感故事。在此也由衷感谢我的家人全力支持,尤其是我的母亲赵学萍老师默默承担了家里的所有,全心全意支持我始终如一的双创教育梦想,全心全意支持我始终如一为学生全心的付出和全情投入。每次加班,无论回家有多累,都总能吃上一口热饭;每次熬夜,无论有多晚,身边都总有母亲准备的一杯热茶;每次因为指导双创忙得焦头烂额,都总有母亲最暖心的支持和最有力量的鼓励。多少次母亲还成为我最得力的工作"助理":悉心整理那几百本学生双创参赛计划;盛夏酷暑帮忙打印学生参赛材料;和我一起细致地为学生的参赛做后勤保障,为孩子们准备早餐;耐心宽慰双创路上遇到挫折与坎坷的学生和我,鼓励我们全力赛出风格和荣耀;甚至到医院看望、照料我生病的学生……"谁言寸草心,报得三春晖。"母亲作为一名人民教师，对学生的大爱与关怀深刻影响了我的职业理想；母亲骨子里的坚毅与乐观，让我有勇气去战胜纯文科双创路上求索的艰辛与不易；母亲数十年如一日的全心支持、全心理解，支撑了我坚持师者初心理想和十四年如一日全力以赴为学生的搏命投入……感恩感谢这段世间最美好的亲情。

近十四年在中国语言文学类专业的探索与努力也凝聚成《新文科视域下中文专业创新创业教育模式的实践与研究》一书。本书的完成也离不开我亲爱的二姨、我亲爱的三姨和情同手足的表弟一直以来的支持和帮助。时光不语，亲人们点点滴滴的关心与爱护都让十四年的双创教育路充满了情感和温度。本书的完成更离不开我尊敬的老师们这么多年来的指导和关心。先生之风，山高水长，岁月无言，真情有痕，导师们为人师者的大爱光芒一直是我前行路上的明灯，师恩难忘，此生铭刻心间。在此由衷感谢近十四年来在双创教育路上给予我帮助的各位导师、各位同事和各位朋友的关心和支持，谢谢你们！同时，我的研究生魏蔚、米琳琳、黄雪、朱九玥、廖增妮、李琛、钟璐璟、李佳乐、丁媛也参与了创新创业课程相关资料的搜集与整理工作，在此一并表达最衷心的感谢。

未来，在我所在的中国语言文化学院汉语国际教育专业成为国家级一流专业建设点的新起点，依托本专业办学积淀和近十四年双创教育实践的经验，结合我所主持建设的 1 门全国高校就业创业金课和主持的 3 门省级一流课程和课程思政示范课、参与主讲的 6 门省级课程，我和所在教学团队将致力构建同类专业中最具示范效应的中文专业"中华优秀传统文化+"创新创业教育模式，以中华优秀传统文化为双创教育的文化基因,为中华文化走出去、为中华民族伟大复兴的中国梦,立德树人,砥砺求索,培养出更多知中国、爱中国,具有全球视野,致力于中外人文交流,堪当民族复兴大任的青春力量。

王琥

2023 年 3 月于四川外国语大学

中国语言文化学院